2019 年国家社科基金青年项目“长江流域水环境法律制度实施效果评估”（19CFX071）阶段性成果；

2019 年国家社会科学基金重大专项课题“社会主义核心价值观融入生态文明法治建设的基本路径和法律样态研究”（19VHJ016）阶段性成果；

2020 年宁波大学人文社会科学培育项目“环境法治认同型塑路径研究”（XPYB20003）阶段性成果。

环境法的形式理性审视

杜　寅◎著

中国社会科学出版社

图书在版编目(CIP)数据

环境法的形式理性审视 / 杜寅著 .—北京：中国社会科学出版社，2023.7
ISBN 978-7-5227-2040-1

Ⅰ.①环… Ⅱ.①杜… Ⅲ.①环境保护法—研究—中国 Ⅳ.①D922.680.4

中国国家版本馆 CIP 数据核字(2023)第 106651 号

出 版 人 赵剑英
责任编辑 梁剑琴
责任校对 王 龙
责任印制 郝美娜

出 版 中国社会科学出版社
社 址 北京鼓楼西大街甲 158 号
邮 编 100720
网 址 http://www.csspw.cn
发 行 部 010-84083685
门 市 部 010-84029450
经 销 新华书店及其他书店

印刷装订 北京市十月印刷有限公司
版 次 2023 年 7 月第 1 版
印 次 2023 年 7 月第 1 次印刷

开 本 710×1000 1/16
印 张 11.25
插 页 2
字 数 200 千字
定 价 68.00 元

前　言

2011—2016年，我在武汉大学跟随导师杜群教授研习环境法，先后接触了《水法》《水污染防治法》《土地管理法》《大气污染防治法》《森林法》《防洪法》《固体废物污染环境防治法》等调研项目。在研习过程中遇到了一些同质化的问题，即法律不协调造成执法权的重叠以致法律效果不彰。出于对环境法律现象背后规律的好奇和对环境法治实践问题的忧虑，形成了一系列问题的追问：为什么法律本身的形式问题会造成法律目的无法实现？其背后的机理是什么？环境法律的形式问题是立法者的忽视还是环境法本身性质所决定的客观趋势？环境法学是否需要主动应对或者回应此类问题？应对的路径和方法是什么？显然，这些问题的回答都超出了环境法学制度研究的范畴，需要到法哲学、法理学与法学方法论领域中寻找答案。追问的过程是痛苦的，但受益匪浅。痛苦不是因为法学理论的晦涩难懂，而是因为需要通过不断的思考将经典理论置于环境法律现象中理解，弥合理论与现象的间隙。正如武汉大学李启家教授所说的，“人文社科研究的关键在于寻找知识的连接点”。我们需要将环境法律置于大法学背景之中去思考，反思环境法学对传统法理学、公法学、民法学的贡献是什么。在一定程度上，这种追问思考迥异于环境法学制度研究。

法律的形式一直是法学研究的核心问题。昂格尔认为，在现代西方法治的历史上，有一个压倒一切并包容一切的问题，即法律的形式问题。对法律形式研究有助于形成科学的规范体系、自洽逻辑与稳固的概念。因此，从形式理性的角度出发对法律进行实证性研究，是法学研究的主要途径之一。环境法也不能例外。环境问题的现代性决定了环境法必然是以实践为导向，以解决现代性的环境保护问题为立身之根本。但是，环境法学的研究中长期呈现重问题、轻形式，重制度、轻体系的倾向，对环境法的形式理性缺少必要的探讨。以价值判断和实效问题为核心的讨论固然重要，但这种法律系统的外部评价难以对环境法的内部建构提供理论支撑。环境法的规范性问题、自治性与形式化问题、内部体系建构问题等，都不是用价值或实践能够解释的。如果深入具体的制度研究，能够发现司法不彰、执法偏离、守法困境均与环境法律的形式理性有关。如果期望实现法律的工具价值，就必须对法律作为工具本身的属性有所尊重。本质上，环境法治是借助法律的强制性与普遍性，在社会上型塑一种全新的、符合生态客观规律的共同价值，并使全体公民出于价值认同采取绿色行为，继而实现绿色发展。但这一过程正常运作的前提是法律的内在价值——形式理性得以彰显。因此，对环境法的形式理性进行探讨，成为一个迫切的问题，也成为解释许多环境法理论与实践问题的必要途径。

任何一种理论和方法的运用，都是现实条件下对抽象理论的解释和修正。伴随福利国家兴起的世界范围内的法律实质化趋势与中国现阶段法治发展的特征共同构成了环境法形式理性研究的背景。前者决定了环境法实质化的必然性和实践导向，加剧了环境法形式理性研究的复杂性和难度。中国环境法与环境法学也必然受到这种趋势的影响。后者决定了在全球法律实质化的背景下讨论中国环境法形式理性仍有必要和可能。这是中国法治发展阶段的特殊性与本土性所决定的。一方面，环境法起步较晚，法律形式基础相对薄弱；另一方面，环境立法高度碎片化，环境法律呈现后果主义倾向，在一定程度上削弱了法律的形式理性。种种环境法治的时代特点决定了中国环境法学甚至中国公法学研究与看似有些“过时”的法律形式理性理论研究之间存在相当的亲和性。

将形式理性作为分析环境法的视角和框架，必须先对形式理性有整体和系统的把握。“追踪溯源”是展开法理学研究的基本范式。环境法理的研究与传统法理学研究存在些许差异。对经典理论历史及理论间差异的讨论并非环境法理的本职，环境法理研究并无必要直接面向理论本身。环境法理研究核心在于将理论置于实践和现象中进行审视、反思、批判和修正。运用形式理性理论去审视环境法律现象，同时通过现象审视理论本身。这是法学学科分工的应有之义。形式理性理论最早为马克斯·韦伯所提出。但局限于所处的形式法治时代，韦伯的形式理性理论完全抛弃了法律的实质理性。这并不能合理解释现代法治与后现代法治的实质化倾向。但韦伯的理论被以卢曼、麦考密克为代表的后世法学家继承和修正。现代法学的哲学基础在一定程度上被社会学解构和重新诠释。环境法学研究更希望了解的是法律的形式合理性是如何影响法律的社会功能发挥的。其中的关键纽带就是德国法社会学家尼克拉斯·卢曼的法律系统论。卢曼的法律系统论作为经典的规范性法社会学理论，较好地阐释了实质理性与形式理性之间的关系，实现了形式理性与实质理性在静态结构与动态运作上的统一。系统论还从外部观察者的视角，解释了缘何现代法律仍需法律形式理性及形式理性所要求的法律内在结构。但法律系统论仅仅从宏观角度将法律作为一个整体予以认识，提出其是一种认识论上的创新，解决了法律形式理性之于现代法律功能的必要性问题，难以具体到法律具体建构方法上。这就需要结合传统实证分析法理论，从法律的内部要素出发，将形式理性要求具体落实到法律要素之中，即法律目的、法律原则、法律规则。我们可以根据法律要素在法律系统中的功能、形式理性与实质理性亲疏远近关系，提出法律目的的形式正当性、法律原则的规范性与法律规则的确定性三大要求，以指导环境法律体系的建构。

当我们运用形式理性理论去审视中国环境法时，环境法学研究的盲区就会浮现。在法律目的层面，形式正当性强调法律目的自身的规范性、融贯性。在目的论层面，法律目的除国家战略面向外，还具有教义学的面向，上承宪法条款价值框架，下衔法律原则并对规则形成价值引导。在原则层面，原则的规范性要求环境法律原则须从学理走向规范，从政策原则走向法律原则。环境法律原则不应是域外法律理论的借鉴或者是环境政策的宣示，其在法律系统中应发挥“纲要”的功能，担负法律开放与封闭的中介功能。需要通过融贯性解释，促使原则与原则、原则与规则连成一体，并进一步对立法、司法解释和行政裁量形成拘束。而在法律规则层面，规则的确定性显然与“宜粗不宜细”的立法通说相悖。法律概念、法律规则结构、法律规则内容是实现法律系统封闭性的关键。对法律规则正当性的强调并不能代替法律规则本身所应具备的规范性。关于软法规则、职责与职权统一、技术概念的科学技术性等学术共识有待进一步凝练。

法律形式理性理论下的环境法体系、规范、概念的梳理，并非要摆脱法律实质理性的引导，沦为概念法学的逻辑躯壳。恰恰相反，尊重法律的形式，精确的概念、明确的法律规范、规范的法律表达、融贯的逻辑关系，正是法律系统功能得以发挥所依赖的法律固有结构。这也是现阶段

“科学立法，提高立法质量”的法治需求所强调的。法律的形式理性理论为观察和研究环境法律提供了一扇大门。或许这扇大门在最传统的法理学、公法学、私法学领域早已不是什么新鲜事物。本书的研究仅仅是推开了一条门缝，通过这条门缝去窥探和思考环境法之所以为“法”、环境法学之所以为“法学”所固有和追求的东西。

目　录

绪　论

一　中国法治变革中的环境法

党的二十大报告提出："坚持全面依法治国，推进法治中国建设……建设中国特色社会主义法治体系、建设社会主义法治国家，围绕保障和促进社会公平正义，坚持依法治国、依法执政、依法行政共同推进，坚持法治国家、法治政府、法治社会一体建设，全面推进科学立法、严格执法、公正司法、全民守法，全面推进国家各方面工作法治化。"① 2021 年 4 月，全国人民代表大会常务委员会公布年度立法工作计划，明确提出将研究启动环境法典、教育法典、行政基本法典等条件成熟的行政立法领域的法典编纂工作。这是全国人民代表大会常务委员会首次明确提出环境法典编撰的要求。这也意味着中国环境法治阶段正从"有法可依"向"科学立法，严格执法"的方向全面发展，正经历着从"环境立法"向"环境法律的社会控制"的全面转型。

改革开放 40 多年来，环境保护立法一直走在"快车道"上。随着 1979 年《环境保护法（试行）》通过，立法机关加快制定污染防治类单行法的进程，相继制定了《海洋环境保护法》（1982 年）、《文物保护法》（1982 年）、《水污染防治法》（1984 年）、《大气污染防治法》（1987 年）、《土地管理法》（1986 年）、《森林法》（1984 年）、《草原法》（1985 年）、《渔业法》（1986 年）、《矿产资源法》（1986 年）、《野生动物保护法》（1988 年）、《水法》（1988 年）11 部单行法律。1989 年，全国人民代表大会常务委员会审议通过修订后的《环境保护法》。1991 年，制定了《水土保持法》。1992 年，中国代表团参加里约热内卢联合国环境与发展

① 习近平：《高举中国特色社会主义伟大旗帜　为全面建设社会主义现代化的国家而团结奋斗——在中国共产党第二十次全国代表大会上的报告》，《求是》2022 年第 21 期。

大会并签署《气候变化框架公约》和《生物多样性公约》；1994年，中国发布世界上第一部国家可持续发展议程《中国21世纪议程——中国21世纪人口、环境与发展白皮书》，首次将可持续发展纳入经济社会发展长远规划，并要求加快推进可持续发展立法。此后，中国开始修订《大气污染防治法》《水污染防治法》《水法》，并制定了《固体废物污染环境防治法》（1995年）、《电力法》（1995年）、《环境噪声污染防治法》（1996年）、《煤炭法》（1996年）、《节约能源法》（1997年）、《动物防疫法》（1997年）、《气象法》（1999年）、《海域使用管理法》（2001年）、《防沙治沙法》（2001年）、《清洁生产促进法》（2002年）、《环境影响评价法》（2002年）、《放射性污染防治法》（2003年）、《可再生能源法》（2005年）、《循环经济促进法》（2008年）、《海岛保护法》（2009年）15部法律。2015年，修订的《环境保护法》实施后，再次对《大气污染防治法》《水污染防治法》《环境噪声污染防治法》《固体废物污染环境防治法》《森林法》《草原法》等10部法律进行修订，并新制定了《环境保护税法》（2016年）、《核安全法》（2017年）、《土壤污染防治法》（2018年）、《生物安全法》（2020年）、《长江保护法》（2020年）、《黄河保护法》（2022年）6部法律。此外，还有约10部民事、刑事、行政和经济立法中明确规定了环境保护的相关内容。与此同时，国务院制定了60余部环境行政法规，国务院主管部门制定了600余部环境行政规章，颁布国家环境标准1200余项。我国环境保护领域"有法可依"的问题已基本解决。①

虽然蓬勃的环境立法使中国环境法治迎来了长足发展，但同样伴随着环境法律实施的各类实践问题。例如，在污染防治立法中，《环境保护法》与大气、水、固体废物、噪声等污染防治法的条文重复率高达30%以上。由于相关立法制定时间先后不一、提出法律草案的行政机关不一，且有些法律已经过多达四次的修改，导致法律之间矛盾冲突较多，本可统一的环境保护基本制度在不同的环境要素单行法中，出现了适用原则、适用程序、适用条件、处罚主体和处罚形式等诸多不一致，导致环境执法和司法中的困难。② 一味地将环境法律实施中的问题归咎为执法不严或治理能力不足，这一逻辑是简单粗暴和不负责任的。作为环境法学人，应当思

① 吕忠梅：《中国环境法典的编纂条件及基本定位》，《当代法学》2021年第6期。

② 吕忠梅：《环境法典编纂：实践需求与理论供给》，《甘肃社会科学》2020年第1期。

考的是我们需要一部什么样的立法，建构起一个怎样的法律体系。

长期以来，环境法学术界关注环境保护的立法供给，强调制度建构，通过制度立法填补相应的法律空白。这一研究进路与旨在“有法可依”的法治阶段是相符合的。但过度关注制度建构，而忽视了法律适用造成环境法规范性不强、体系性较差，制度间衔接性不足等问题。这些问题并不会因为研究对象发生变化而被解决。例如，环境法学界常诟病的环境法学研究“八股文”，所揭示的问题一般指向立法不协调、体制不健全、责任过低，所提出的完善路径无非是增加立法、大部制改革、提高环境法律责任。无论研究对象怎么变化，上至太空垃圾，下至页岩气开发，当研究视角、研究的框架不发生转化，前述法律适用问题就会随着法律调整领域不断扩大而逐渐蔓延。我国法治发展的阶段决定了法律空白越来越少，填补式的法律制度研究也越发不能满足环境法立法研究的需要。未来立法研究将转型于关注立法质量与科学立法，展开对“框架”本身的研究和改良。

中国现实背景与语境构成了环境法学研究转向的场域。在中国环境法治的转型期，必然面临着环境行政权的实质正当性与形式合法性、环境保护的紧迫性与法律调整的相对滞后性、政策的灵活性与法律的确定性之间的冲突与权衡。但环保问题的公共性和紧迫性，以及形式法治传统的缺乏，使法学人往往关注冲突中的前者，而忽视了法律本身之所以被称为“法律”的固有属性。尤其在环境法这一涉及诸多学科的交叉领域，坚守颇具“仪式感”的法律固有属性尤为困难。经济学、环境科学、管理学、政治学等颇具“科学”属性的研究成果与方法在不断侵蚀环境法学，环境法成了承载各种社会实质价值的“皮囊”，环境法律的形式有沦为附庸之危险。反映在实定法层面就表现为法律的体系性、规范性、确定性的不足，而有形式缺陷的法律在适用中可能导致形式所承载的实质理性缺失。

二　法教义学与社科法学交织下的环境法学

陈金钊教授曾于2007年发表《当代中国法学的流派化旨趣》一文，指出当代中国法学者“尤其没有流派化意识”。如果说这一判断搁在当时大体无误的话，那么经过近20年的锤炼与发展，中国法学者，尤其是青年法学者已经开始在学科方法论方面“逐渐苏醒”，自觉强化意识，时下尤其表现为法教义学研究进路与社科法学研究进路的分离。

所谓法教义学[①]，简而言之，就是“对于法律素材的科学体系化的预备”。按照阿列克西的经典概括，法教义学的基本工作有三个层次：法律概念的逻辑分析；将这种分析概括成为一个体系；将这种分析的结果用于司法裁判的证立。法教义学通过对复杂的规则进行解释和类型化，建构统一的知识体系和思考框架，并设定分析案件的典范论证步骤，为法律规则的适用提供统一的、标准的概念和结构，从而为实践问题的解决提供确定性的指引。法教义学以法律规则为研究中心，其目标在于在层次不同的抽象层面上将法律构造为一种因相互支持关系联结在一起的规则的融贯性网络。[②] 法教义学不仅要将法律体系呈现为内部融贯的集合，而且也应当使它与背后的正当化脉络（道德和政治哲学）相协调，以此达到法律作为实践理性和法学作为实践科学之效果。因此可以说，法教义学所秉持的基本立场是一种“双重规范性”：它既主张法律的规范性，也主张法学的规范性。这体现在三个方面：在裁判理论上，主张“认真对待法律规则”，即以法律规则为司法裁判的依据、框架和基础，但并不反对，甚至必然接纳经验知识和价值判断；在法概念论上，主张“法律是一种规范”，作为具有规范性的事物，法律既不同于行为（经验事实）也不同于价值；在法学理论上，主张“法学应持规范性研究的立场”，因为它本质上是以建构性活动为中心的实践科学。[③]

那么，何为社科法学呢？简单地说，就是从社会科学的角度观察法律及其运作效果。社科法学的如下研究倾向足以表明社科法学的研究路径、方法及旨趣。首先，研究对象的经验性。社科法学中的法律现象是以经验现象的面目出现的，它涉及的是法律运作的实然状态，具有可观察性。这种可观察性可能通过人的视觉、听觉直接感受，也可能借助工具进行测量。社科法学的任务就是要通过对经验现象的研究，来揭示并解释相关制约的逻辑关系和机制。其次，问题意识来源的实践性。社科法学研究的问题是现实生活中真实存在的问题，来源于法律实践的需求和困惑。再次，对法律规则和法秩序态度的中立性。社科法学不认为法律规则及法律秩序

---

① 源自德国法文化中的一个概念，大致等同于英美法学者所说的“doctrine of law”“legal doctrine”或者“the doctrinal study of law”。我国台湾地区学者将其译为“法解释学”或“解释法学”。

② 张翔：《形式法治与法教义学》，《法学研究》2012年第6期。

③ 雷磊：《法教义学的基本立场》，《中外法学》2015年第1期。

是不可动摇的信条，也不认为它理所当然的正义或不正义。认为只有运用社会科学方法深入法律实践和社会生活中进行经验性研究，才能作出法律正当性的实质判断。最后，对法律规则和法秩序进行评判标准的多元性。与法教义学内部标准不同，社科法学的批判标准往往是外部的、非规范性的。由于社科法学本身是不同研究进路的统称，而不同研究进路的标准有所差异，因此，社科法学评判法规范和法秩序的标准也是多元的，或者说，社科法学并没有评判法规范和法秩序的统一标准。[①]

时下中国法学界关于法教义学与社科法学的讨论从未停止，大有谁是法学正宗的伯仲之争意味。如果冷静观察，会发现传统法教义学所适用的如宪法、刑法、民商法等传统法律部门经过长期发展，自身的基本框架都已颇为稳定。[②] 在此领域内，社科法学如一丝清风，弥补了传统研究框架过于僵硬、死板的缺陷。在上述领域，现代法学研究者更突出地表现出对社科法学的同情与期待。而在新型的公法领域，诸如经济法、交通法、社会福利法、环境保护法等领域，社科法学早已不是清风拂面，而是飓风横扫。从一个新型部门法学者的视角来看，法教义学与社科法学并非决然对立、非此即彼，在环境法的研究过程中，两者处于一种交融的状态。

环境法学作为以环境法律实践为导向的部门法学，它要处理两类问题：第一类问题是以解决具体法律问题为目的的法学研究，其为环境立法者、执法者、司法者提供现实法律问题的解决方案，如《长江保护法》的体系定位问题、生态环境损害标准认定问题；第二类问题是关于如何开展第一类问题研究的前提性问题，包括认识论层面对环境法律本质、性质、价值取向的认识，以及方法论层面法律范畴选择、体系建构、逻辑推演等。在法学通说中，往往将第一类问题称为“法律问题”，将第二类问题称为“法学问题”。在环境法学研究中，第一类环境法律问题是最常见、最主要的，环境法学界的大量著书立说都是围绕第一类法律问题展开的。但这并不意味着第二类环境“法学问题”研究不重要。恰好相反，长期以来环境法学界对第二类环境法学问题始终存在分歧，并且在一定程度上影响了第一类问题的研究。[③] 2018 年吕忠梅教授在《环境法回归路在

① 陈柏峰：《社科法学及其功用》，《法商研究》2014 年第 5 期。

② 李晟：《实践视角下的社科法学：以法教义学为对照》，《法商研究》2014 年第 5 期。

③ 杜寅、高颖：《从还原论、整体论到系统论：环境法学方法立场的省思》，《贵州大学学报》（社会科学版）2021 年第 2 期。

何方？——关于环境法与传统部门法关系的再思考》一文中反思道："环境法学秉持何种方法论，比较混乱。因为大多数学者缺乏方法论的自觉。我们一方面以生态环境的系统性、整体性为论据，批判民法的个体主义；另一方面，我们在解释和建构环境法理论时，又回到部门法思维，用尽招数把环境法纳入部门法学；实际上，我们也在按照还原论构建环境法学体系，'只见树木，不见森林'。"① 吕忠梅教授的点评是具有启发性的，明确了两种旨趣完全不同的环境法学方法论进路——整体论与还原论。事实上，这种方法旨趣的分歧在公法中由来已久。马丁·洛克林在 1992 年提出了功能主义与规范主义两种公法研究的理想类型。在法律创生过程中，功能主义与规范主义代表了两种不同的价值导向。其中，功能主义导向注重经世致用，关注点是法律的规制和便利功能。因此，功能主义注重法律的意图与目标，不注重形而上的抽象原则，不注重法律的形式规范性和法律的体系化，采取目标取向及工具主义的思维模式，倾向于将法律作为解决社会现实问题的工具或手段，它以解决现实问题为首要目标，其实质上属于法律工具主义。规范主义则关注法律的规制取向与概念化属性，强调法律的逻辑一致性及法律规范的体系化，注重不同法律规范的衔接与协调一致，注重法律的整体性。②

显然，环境法学自诞生就具有强烈的社科法学的味道，强调整体主义或功能主义方法论的应用。整体论思想最早可追溯到古希腊的柏拉图和亚里士多德对整体与部分的讨论，近代活力论、突现论、有机论等均是整体论哲学的重要资源。③ 直到 20 世纪 60 年代复杂性科学异军突起，"整体论科学"在 21 世纪得以系统性、体系性地呈现。整体论在本体论层面强调事物是整体的、系统的和复杂的，能够通过整体把握事物的深层次本质；在认识论层面强调事物是运动性、组织性的，事物的活动是具有因果性且多线性的，否定通过部分的研究来决定事物的整体本质；在方法论层面强调重视单一学科之间的联系性，促进单一学科进行交叉融合。整体论基本上是功能主义导向的，因为不同整体间的划分是以功能为边界展开的。整体论更侧重系统的整体功能，而对如何实现这些功能并不过分操

① 吕忠梅：《环境法回归路在何方？——关于环境法与传统部门法关系的再思考》，《清华法学》2018 年第 5 期。

② ［英］马丁·洛克林：《公法与政治理论》，郑戈译，商务印书馆 2013 年版，第 105 页。

③ 刘劲杨：《论整体论与还原论之争》，《中国人民大学学报》2014 年第 3 期。

心。这样可以简化对系统的认识，当然也有可能会造成重要信息的丢失，形成理论的盲区。

具体到环境法学领域，“较之于还原论，整体论更加注重法律间的关系，强调历史文化传统对法律的影响，关注法律与政策的互动。法律上的整体论秉持关系思维、非线性思维、合作性思维方式”①。以长江保护流域立法为例，整体论要求以长江流域生态系统、社会文化系统的整体需求导向破除管理部门职权划分的分散立法方式，从部门法分散到领域法的统一调整，从公私法的分立对抗到公私法的合作。② 显然，整体论是以法律系统外部的实质性需求——生态系统的整体性要求来协调、强化部门立法、法律部门、公私法之间的关系。环境法学领域的整体论在本质上亦是功能主义导向的，与马丁·洛克林的功能主义公法研究模式是一致的。在环境法领域，这种功能要求更多的是以生态环境系统功能的整体功能发挥为前提。而这会形成整体论的两种内在核心取向。一是借由法律系统建构一种体现生态系统整体需求的新型价值体系。首先，不同于还原论对社会价值的承认和维护，整体论是要在社会中建立一种新型的价值。之所以是建构而非承认，源于这种价值的内容是体现生态系统的整体性要求，而这是传统价值未涉及的。其次，这种价值揭示、识别往往是由代表科学理性的群体完成。因为对于生态系统价值超前判断往往需要高度的专业化知识。这种专业化知识在一定程度上阻碍了公众对于生态环境损害的认识。当公众能够通过“切肤之痛”感受到生态环境危机时，意味着生态系统损害已经不可挽回。所以在环境法领域当中预防原则被奉为“帝王原则”，强调科学理性群体对环境危险与风险的超前判断与提前干预。最后，这种价值在社会生活中的建构方式必须借助环境法律形式上的合法性。新价值尚未在社会群体中普遍形成，公众缘何能够接受新价值型塑？原因在于环境法律不仅承载着生态环境利益的实质正当性，还承载着法律自身的形式正当性。出于对国家权力与公民身份的认同，出于对法律自身强制力与合法性的认可，出于守法是现代社会的内在道德，公众才逐渐通过守法行为实现生态环境价值的内化。整体论的第二种核心取向是对不同

① 吕忠梅：《寻找长江流域立法的新法理——以方法论为视角》，《政法论丛》2018 年第 6 期。

② 吕忠梅：《寻找长江流域立法的新法理——以方法论为视角》，《政法论丛》2018 年第 6 期。

系统领域的知识进行专业壁垒的降维处理，增强不同领域知识的沟通共振，促使知识融合朝着目标功能的方向发展。专业分工使得不同学科只能服务于特定学科所识别的目标，这不符合生态环境的整体性要求，而需要打通不同学科之间的知识壁垒进行学科融合，前提是彼学科的知识能够被本学科所理解，彼学科的知识能够转译并对接本学科的知识体系。这就产生了另一种分工——知识的通俗化或者知识的专业化降维。在法学学科中突出表现为社科法学的方法，通过引介其他学科的知识，并经由多学科背景的法律人转译至法学领域。这种引介知识的选择、转译和对接均受到功能主义判断的指导。这在环境法领域体现得尤为明显，环境立法就是自然逻辑、行为逻辑、法律逻辑、语言逻辑的统合过程。① 自然逻辑体现环境科学的知识观照，行为逻辑体现管理学、经济学、伦理学的知识观照，语言逻辑体现逻辑学、语义学的知识观照。通过不同学科的交流讨论，环境法学人将外部学科的知识进行处理并以法学知识的方式引入法学职业群体内部，促使法律知识体系对外部知识的接纳和改造，继而形成了不同学科知识间的联系。②

整体主义的方法论并不意味着规范主义方法论与还原论的非必要性。主张还原论与规范主义立场有其深层次的原因。这与法学认识和解决现实问题的路径有关，即法律的保守性。法律与法学的旨趣在于在社会中确认并建立同一的价值体系，通过法律的实施不断维护与修正这种同一性。表面上还原论是纠纷解决“套路”的还原，但本质是通过与传统民法、刑法、行政法的对接以实现传统价值判断在环境领域的延伸与修正。以采光纠纷为例，纠纷预示当事人双方价值判断的不一致，也预示着社会潜在价值冲突的可能性。传统的相邻关系与财产权理论代表人类社会数百年来价值判断的结晶。一方面，这种价值判断经历反复的探讨、试错与博弈，代表一种历史的正当性；另一方面，这种价值具有相当的历史惯性，即由社群中的大部分公众所认识和接受，并成为公众思考和认识新事物的前提。当纠纷产生，法官通过司法活动维护立法所确定的同一性价值，并通过释法说理说服当事人。因此，一种具有历史正当性并且被多数公众认同的普遍价值能够减少法官释法说理的论证成本。与之相反，体现新型价值观的

---

① 翟勇：《我国生态环境法治能力建设进程》，《环境与可持续发展》2020 年第 1 期。

② 杜寅、高颖：《从还原论、整体论到系统论：环境法学方法立场的省思》，《贵州大学学报》（社会科学版）2021 年第 2 期。

"环境权"在成为法定权利之前是一种应然层次的学术概念，并非真正的公众群体性价值呈现。显然，这种新型概念背后的非同一性增加了法官释法说理的难度，迫使法官走出法律形式推理的"舒适区"，而陷于社会效果取舍的窘境之中。[①] 需要特别强调的是，还原论并不是机械硬套传统部门法学概念或理论，而是根据相应的情况在价值可接受的范围内对传统概念或理论进行一定程度的修正。这种可接受范围表现为教义学中概念与理论可能的涵摄范围。还原论对传统理论的修正过程恰恰是传统理论更新以适应新环境、新问题的过程，结果是传统法疆域的扩展、延伸至环境保护领域。就法学知识与方法角度而言，由于还原论是在传统法学概念之上的体系化演绎，其知识增量能够借助传统法学相对稳固的理论基础而实现系统化与规范化。这种系统性与规范性在一定程度上保证了法学研究所应秉持的价值中立性，而不至于堕入"环保极端"价值立场之中。而这正是诸多环境法学者主张还原论方法立场的根本原因。

三　环境法学的泛多元化困境

有学者指出，环境法学所面临的主要问题是"对法之本质的认识的错位"，"由于环境法的综合性和跨学科特征，研究者往往把主要精力用于对环境原理、生态规律、人与自然关系等环境问题的认知，而忽略了对所言说之法本身的精准定位"。[②] 上述点评精准指出了环境法学内部在认识论层面的泛多元化困境，具体表现为不同学科、不同阶段、不同视角下认识论在环境法学领域内的"杂烩"。为应对法律外部的急迫需求，环境法学研究往往采取问题导向，将环境问题等同于环境法律问题，将事实上的相关关系等同于法律上的因果关系，对问题的揭示与回应缺少法律专业视角的过滤。

环境问题处于各学科的交叉地带，"横看成岭侧成峰"，不同学科所关注、所强调的问题具有高度的差异性。由于环境法学形成时间较短，尚未建立起牢固的法律认识论基础，也未达成法律方法论的自觉。故而，学科领域认识上的差异在未经任何学科转换的前提下经由环境法学者的关联性研究直接进入环境法学认识论层面，成为建构环境法学者研究方向与方

---

① 杜寅：《环境立法确定性命题的提出与展开——以固废法体系为例》，《中国地质大学学报》（社会科学版）2019 年第 3 期。

② 巩固：《环境法律观检讨》，《法学研究》2011 年第 6 期。

法的认知前提。不同的环境问题、不同的问题切入点、不同的学科视角无疑致使学者对理论选择泛化。不同学科视阈下环境法律的正当性证立切入点各不相同。例如，环境伦理学专长于自然权利、代际关系，环境经济学则从生态环境成本效益入手，环境政治学则以公民权利为切入点，环境管理学则从实施效率着手。上述理论在解释某一领域环境法律相关问题时“无匹贴切”，而与其他理论进行碰撞或进一步提炼对接法学理论时则显得非常突兀，格格不入。过度的问题导向割裂了环境法学与传统法学之间共同的理论基础和前提预设，“个人往往只是从自己所遐想的理想图景出发进行言说”，难以形成法学理论交锋与观点对话。纵观现代知识的学科分化，法学为了形成和维持法律系统的固有理性，先依靠理性自然法挣脱神学的束缚，又借科学之力隔离伦理学说教与政治学的指令。这一社会演化的成就却在环境法学研究的无意识之中被轻易跨越了。①

另外，不同阶段的环境法学理论经由学者的学术惯性在同一时空共存，进一步加剧了认识论的泛多元化。不同西方国家传统法学先于环境法学产生，我国民法学、刑法学、行政法学几乎与环境法学同期展开。因此，环境法学研究不仅面临法治的后现代化议题，而且面临法治现代化议题。即环境法学不仅要处理后现代法治中的价值碎片化、科技理性冲击、因果关系不确定等问题，还需要处理传统法治中的法典化、权利保障、权力正当性解释等问题。短短 40 多年，我国环境法学伴随环境法律的外部需求进行了多次迭代发展。环境法律创设初期，首先需要解决的是环境法律必要性问题。我国环境法律发展产生于国家对环境保护需求的超前判断。在这一阶段中，我国并未面临真正意义上的环境问题，故这一时期环境法律与社会公众伦理、道德需求之间存在错位。这一阶段环境法学的研究重点在于环境法律正当性，通过论证自身法律关系、道德伦理的独特性而证立自身的独立性，其在研究内容上表现为法哲学层面环境伦理道德的论述。环境法律发展初期，国家环境管理制度从无到有，伴随环境管理制度扩张的是国家环境行政权力法律普遍授权。环境法学的研究重心在于环境法律制度建构，通过比较法研究，汲取西方环境治理与环境立法的有益经验，并融合本土需求与法治资源。在环境法发展的现阶段，环境问题集中呈现，环境法治需求应从有法向有用转化，要求通过权力规制与行为拘

① 陆宇峰：《社会理论法学：定位、功能与前景》，《清华法学》2017 年第 2 期。

束实现环境问题的解决。这一阶段，环境法学关注的重点是法律责任落实，侧重环境法律刚性的实现。不同阶段理论所依存的外部环境几经变化，甚至理论与现实需求之间产生脱节，但经由学者观察视角固化而形成的学术惯性得以继续延伸。在现阶段，不同背景下的理论虽得以共存，但由于理论的需求环境、指向目标不同，致使理论之间虽有碰撞但难以达成共识，难以产生环境法学学科的知识增量。

环境法学认识论的泛多元化必然伴随其他学科方法论的侵入，造成方法论的杂糅。为适应国家环境法律制度建设的需要，环境法学者一般先从我国所发生的现实环境问题出发，对其背后的经济、政治、文化因素进行解构后，比较世界环境法治先行国家的环境立法经验，对具体制度、法律规则、原则进行建构，后根据环境法律制度的实施状况，不断对环境立法进行修正。在这一过程中环境法学研究更为侧重法律外部观察，揭露环境需求、探寻实质因果关系、分析对策效益。由于认识论的泛多样化，那种传统法学固有的规范性的，谦抑、保守、冷静的法律观察由不同学科外部观察所取代。① 这一研究进路实际是以工具理性特别是以科技理性为主的“环境法学”研究。② 从法学的视角看，在一定程度上，这种研究方式是游走在“法学大厦”周围的现象描述，难以深入法学内部进行规范性研究。因为，传统法学方法论对社会现象的观察经过学科视角的筛选与技术化的处理，纷繁的科技因素、管理因素、环境因素被刻意置于“视野盲区”，而那些与法律有关的内容得以保留下来进入法学研究视野。而过度关注法律外部需求，忽视法律规范性研究，实质上将一些专业以外的因素重新纳入法学研究范畴，对法学的规范性形成冲击。从非法学的视角看，强调外部需求的环境法学研究也难以深入非法学学科的深层次研究，研究方法仅停留在对非法学学科内基础知识、典型理论观点的介绍，难以有效进行知识创新与理论延伸。这是因为，环境法学人的知识结构与研究方法不足以克服不同学科间的专业性壁垒并支撑非法学研究的深入。同时，强调外部需求的环境法学研究的知识增量与理论研究目的也并非指向管理学抑或环境经济学等外部学科，而是最终指向立法完善与制度建构。当环境法学人过度聚焦于环境问题对策时，法学领域的知识增量由于不同学科视

① 巩固：《环境法律观检讨》，《法学研究》2011 年第 6 期。

② 王明远：《“环境法学的危机与出路：从浅层环境法学到深层环境法学”研讨会纪要》，《清华法治论衡》2014 年第 2 期。

阈不同而形成信息不对称。这极易造成研究的表浅化，既无法对接传统法学，也难以对接法学之外的相关学科。

教义学作为法学研究的核心方法并非不关注经验知识和价值判断，而是致力于将它们“教义化”和“类型化”,[①] 也并非排斥其他学科进入法学领域，而是需要通过教义学的话语转化。法律的外部观察经由教义学的加工转化为“从规范中来”“到规范中去”的“法言法语”，成为法律职业共同体可供分享、交流的共同话语。从这个角度讲，教义学担负了法学群体研究的减负功能，而对跨学科研究者提出了更高的要求。然而，在环境法学领域内，教义学主要用来将对策研究成果制度化、法律化，丧失了其作为核心方法论的话语功能、减负功能。伦理话语、管理话语、自然科学话语在环境法学中胶合纠缠，文字一致性掩盖了不同学科的话语逻辑与理论基础。例如，环境伦理学中的“权利”与法学的“权利”在构词上一致，但显然两者并非同一逻辑，伦理学中的“权利”仅能构成环境立法与义务限制的正当性论证质料，并不能作为法律体系内部建构与运行的基础。由于缺乏共同的话语，不同学科视角下的各种观点交织，观点间无法求得共识，更无法聚焦于法律的有效解释与适用，从而易陷入法律外部的价值纷争中。环境法律解释与法学分析演变为前提性的法律修改与法律存废争论，难以真正形成法学积累。

四　形式理性与法律的体系化

韦伯成为近代法学方法论大师的主要成就在于从形式理性的维度解释了西方法治的发展过程。所谓形式理性，是“用技术上尽可能适当的手段，目的合乎理性地计算出来”，并且试图实现“形式上的可计算性的最大限度”。[②] 因此，形式理性的核心是可计算性。在法律领域中，形式理性就是使用明确的技术方法得到特定的结果，即对法律确定性、可计算性、规范性的强调。法律“形式理性”包括三个方面：通则化，即将决定个案判决的标准理由化约为法律命题，亦即明确的、具有可计算性和可预见性的法律规则；综合化，即对一个完整的法律关系的建构，这意味着法律规则相互关联成一个内部无矛盾的具体法律制度；体系化，即将所有

① 雷磊：《法教义学的基本立场》，《中外法学》2015 年第 1 期。

② ［德］马克斯·韦伯：《经济与社会》（上卷），林荣远译，商务印书馆 1997 年版，第 107 页。

法律命题和法律制度加以整合，以形成一个逻辑清晰、毫无矛盾和漏洞的完善的规则体系。[①] 在韦伯看来，法律具有严格的形式化和理性化特征，重视概念的内涵统一和精准，重视法律条文的形式逻辑构造，从法律概念到法律规则再到整个法律文本都呈现明显的形式化和逻辑性。我们可以将形式理性理解为受一般性规则或原则约束的法律所具有的抽象化、普遍化、逻辑化和科学性的性格特征。[②]

从深层意义上讲，韦伯所理解的形式理性蕴涵着数千年来人类对规则统治的心理信赖和对法律确定性与安定性的追求。同时，这也包含着近代法学家对形式正义和逻辑推理的一种近乎偏执的信赖，他们宁愿忍受法律的某些僵化与不合目的性，却仍然认为法律的形式理性具有不可替代的优势。这一近似宗教般的狂热在第二次世界大战后受到新自然法学派的全面抨击，整个法学认识论试图从法律的形式理性转向实质理性。但这一法学转向并不能否认法律被称为"社会科学"所依赖的形式理性，无论价值导向如何、社会背景如何，法律最终还是要依靠其特有的结构与逻辑发挥作用。这一点韦伯并未认识到，而现代规范法社会学家代表人物卢曼则通过法律系统论阐释符合形式理性要求的法律结构与法律功能之间的必然关系。卢曼认为，法律系统欲发挥稳定规范性预期的功能，必须依赖法律结构的封闭、运作上的自我指涉与认知上的开放。上述关键性条件的实现均要求韦伯所强调的法律规则的明确性、规范性、可计算性。也就是说，从法律系统论的角度看，法律脱离韦伯所强调的形式理性，高尚的价值追求与实质理性均无法真正实现，并会最终与政治、宗教、道德等外部环境融为一体，法律也就不存在了。更为关键的是，卢曼的法律系统论将法律实质理性与形式理性统一在法律结构与逻辑关系之中，使法律系统形成了实质理性与形式理性的统一体，而不是非此即彼的对立，形式理性承载了实质理性。在方法论层面，卢曼的法律系统论有效地将韦伯纯粹的认识论与分析法学派的方法论结合在一起，使传统的形式理性理论不再是宏观的说理与历史分析，而成为对实定法体系建构具有指导性作用的方法论。

在韦伯看来，法律的成文化与法典化的意义就在于法律的系统化，即

① 赖骏楠：《马克斯·韦伯"法律社会学"之重构——观念论的力量与客观性的界限》，《中外法学》2014 年第 1 期。

② 参见刘伟《论民法典的形式理性》，硕士学位论文，西南政法大学，2014 年，第 11—12 页。

所谓的理性化。形式性主要就是指决策标准的内在性，即一种法律制度“是否使用内在于这种法律之中的决策标准”，是否受一般性规则或原则的约束。[①] 苏力教授直接将形式理性理解为，“在法律上，所谓形式是强调系统的法律条文”[②]。可见，形式理性与法律的“体系”有千丝万缕的联系。在此，法律的“体系”并不是我们通说所认为的法律效力体系或者立法体系，而是在法理学层面所探讨的法律整体，目的、原则、规则构成了法律最基本的要素。教义学的核心就是围绕法的体系化，通过对法律规则、法律原则、法律目的的解释，增强法律整体逻辑关联性。这就与韦伯形式理性中的综合化与体系化形成了呼应，在卢曼的系统论中就是法律系统认知的开放性与运作上的自我指涉。

① 参见刘伟《论民法典的形式理性》，硕士学位论文，西南政法大学，2014 年，第 11—12 页。

② 苏力：《法治及其本土资源》，中国政法大学出版社 1996 年版，第 78 页。

第一章

中国环境法的形式理性反思

法的形式理性对我国法治建设的意义不言而喻。虽然法律的形式理性至关重要，但随着福利国家的兴起和社会多元化发展，现代法律呈现实质化的倾向，不可避免地造成现代法形式理性与实质理性的张力与矛盾。而我国法治发展，一方面，在客观上深受现代法律实质化趋势的影响，这是全球范围内法律发展所不可回避的问题；另一方面，中国法治发展阶段所表现出来的个性特征也在冲击着法律的形式理性。中国环境法的产生与发展就是在上述两个背景下展开的，环境法的形式理性也不可避免地受到上述两个条件的影响，形成了现阶段中国环境法形式理性问题。

第一节　法的实质化对形式理性的影响

韦伯在他所处的时代即已准确预测现代法的实质化趋势并指出了种种具体的表现。随着国家开始由警察国家向福利国家转变，国家开始积极主动干预社会生活，行政的目的与范围急剧变化。也正如韦伯预言的一样，法律日益由形式向实质化的方向发展，构架在“夜警国家”与控权基础之上的形式法，显得越来越僵化。法律的体系与逻辑已经不能满足纷繁复杂的社会调控需要，要求法律关注“目的”“利益”与“经验”等实质理性的东西，而不能停留在静态的概念、逻辑与体系上。

一　法的实质化背景

法的实质化是自 20 世纪以来法律及法学发展的一种潮流和趋势，以法律反形式化为主旋律。这一法学认识上的转变与福利国家与公共行政、法社会方法的兴起密不可分。福利国家与公共行政的兴起是由生产力发展而导致的生产关系改变的必然变化，而法社会学的兴起则是建立在这一必然性上的方法论的改变，是与其相互印证和匹配的。

（一）福利国家与公共行政的兴起

形式理性的法律发生并成熟于近现代自由竞争的背景之下，建立在国家与市民社会二元分立格局之上。国家是消极的“守夜人”，其职责在于基本秩序的维持，尊重和保障个人自由。政府权力的正当性诉诸法律形式上的合法性判断，并不假于实质性的价值判断。此时的法律，被韦伯称为形式理性的法，[①] 被理解为一种相对独立、自治、自洽的体系，独立于政治、伦理、道德、宗教体系，是具有在自主逻辑与运行规律的、科学性的、社会技术和形式主义化的规则体系。[②] 德国法学将这一时期称为形式法治时期或自由法治时期。然自 20 世纪以来，随着经济全球化与科技进步，社会急剧变动，生存要求、环境保护、社会保障、劳工纠纷等现代性问题纷至沓来，公平与效率、自由与平等、贫困与福利等矛盾相互交织。政府逐渐开始由幕后走向前台，积极干预社会生活，传统行政也由秩序行政向公共服务行政（给付行政）转变。这一转变要求国家从整体上编制规则、管制市场、安排就业、协调财富的分配等，积极运用法律机制干预经济和社会生活。随着政府的行政权深入社会各个层次、各个角落，传统的专注于概念与逻辑且秉承价值中立立场而拒绝涉足社会再分配领域的形式理性化法律便显得有些力不从心。因为，福利国家和公共行政所欲实现的是全社会整体上资源再分配的正义，是实质上的正义，而非传统形式理性法所保障的程序性正义。[③]

环境法的产生与发展就在此福利国家与公共行政的浪潮之中。可以说，在某种程度上，环境法本身就是福利国家与公共行政兴起的结果。环境问题及环境保护的公共性决定了环境法必须依赖于国家公共行政，最突出的表现就是各国环境立法中存在的大量的行政法律规范。不少国家在宪法中直接规定环境保护是国家的基本义务，典型的如《德国基本法》、我国《宪法》。这种在宪法中的国家义务规定就是国家对公民环境福利给付义务的规定，国家需要通过立法和行政权力的运作保障这种福利的合理分

① 跟韦伯所处的时代相关，韦伯所处时代是形式法治发展的最高峰，韦伯认为那个时代的法律就是形式理性的法，并且是法律的最后形态。这一认识有时代的局限性。

② 刘伟：《论民法典的形式理性》，硕士学位论文，西南政法大学，2014 年，第 28 页。

③ 洪镰德：《法律社会学》，扬智文化事业股份有限公司 2001 年版，第 393 页。

配与实现。但由于环境保护所涉及利益多元且相互关系复杂，环境作为一种新型福利不同于传统秩序、社会保障福利，其内容有着非常宽泛的意涵空间，基本涵盖了从基本生存权到发展权全部发展阶段。这一点决定了保障福利供给的环境法将异常复杂，传统概念与逻辑形成的僵化框架难以满足环境法实践的需求，必然要求“因人制法、因事制法、因时制法、因地制法”以满足环境法调整的复杂性需求，在具体领域就反映为较高程度的公众参与、扁平的环境管理科层制、多阶段行政行为、公法与私法的交叉融合等。

（二）法社会学方法的兴起

伴随社会客观现实变化的是建构其上的认识论与方法论的改变，法学方法上呈现法社会学的兴起与发展。实际上，在韦伯提出法的形式理性之前，利益法学派就已经表现出对极端形式理性法的担忧。德国利益法学代表海克认为“形式理性法所假定的自治体系根本不能存在”。[①] 法官也不能只借由涵摄及体系与概念的逻辑推演而获致正确的案件裁判。在利益法学派之后，埃利希首倡“活法”论，掀起了自由法学运动。埃利希认为，“无论是现在或者其他任何时候，法律发展的重心不在立法，不在法学，也不在司法判决，而在社会本身”，主张放弃束缚法官手脚的传统的技术主义判决方法，而代之以“自由的判决方法”。[②]

伴随福利国家的兴起，社会现象更加多元，利益纠葛也更加复杂多样，传统固化的概念、逻辑法学方法越来越不能够适应现代法律社会控制的需要。在此背景下，法社会学蓬勃发展。法社会学家典型代表庞德认为，法哲学的核心是社会利益，社会利益高于个人利益，反对纯粹逻辑推理的僵化的概念主义或形式主义法学。法社会学关注法律的实际效果而不是法律的内容，关注法律与社会利益之间的互动关系。在此意义上，庞德将法律视为一种对社会的控制，是协调纷繁多样社会利益的手段；法律功能就是承认、确认与实现社会利益；强调有用即真理，提出用功能性代替法律的逻辑性。从上述观点来看，社会法学带有强烈的反形式主义倾向，反对纯粹形式、孤立的规则体系。法社会学的实质化倾向不仅仅是在研究方法上的，更在于其对法律价值导向上强调法律应当“有用”，从偏重形

① 参见何勤华《西方法学史》，中国政法大学出版社 1996 年版，第 212—219 页。

② ［德］马克斯·韦伯：《论经济与社会中的法律》，［英］埃德华·希尔斯、马克斯·来因斯坦英译，张乃根中译，中国大百科全书出版社 1998 年版，第 60 页。

式正义向法律效果的实质正义转变。

环境法自诞生之初就大量运用法社会学的方法。因为，环境保护本身就是一个现代性议题，面对突发的现代议题，拘泥于传统法律体系中的逻辑与体系显得有些僵化和滞后，而环境问题的紧迫性决定法律必须予以及时回应并解决现实问题。那么，环境法及环境法学就始终围绕着环境问题的解决，表现出强烈的实质导向。在法学方法上，通常采用“环保问题→立法→法律适用→解决问题”的研究路径，现实中环境问题与问题的解决成为环境法的逻辑起点与终点。只要能够解决现实环境保护问题，概念、规则与逻辑体系如何“似乎”并不十分重要，表现出更为强烈的反形式理性倾向。

二 实质化对环境法形式理性的影响

在此种社会背景下，为满足法律对纷繁社会现象调整的需要，法律开始由形式转向实质，法律被当成具有目的、目标取向的干预工具。实质化的法律要求向法律中注入实质理性的内容，追求法律实施后外部效果的公正与合理。也就意味着，法律在一定程度上受到外部因素的影响，不再主张法律自治并独立于政治、经济、伦理、道德是法律的前提基础。对法律采用工具主义态度，视其为实现国家政策、价值目标的手段。与形式理性的法律相比，实质化法律一方面呈现“尾端开放”的特征，如公众参与与多元共治；另一方面，其所调整之事项与对象，更为特殊、更为特别，常“因人制法、因事制法、因时制法、因地制法”。上述特征导致了对法形式理性内在机理的影响，具体表现在以下几个方面：

（一）法律目的的超实证化

在形式理性法的框架之下，法律竭力抽象并建构出一个自治的空间，使自身与社会现实生活有效隔离开来，司法极度依赖于概念与逻辑，在此封闭的空间内进行形式主义的法律推理以获得法律内的确定后果，法律解释只关注文义和体系而不及于体系之外的因素，法律推理仅仅乞灵于规则，从规则推导出结论被认为足以进行每一个权威性的法律选择。[①] 而随着福利国家的兴起，目的对法律推理的压力越来越大，法律推理遂从形式

① ［美］罗伯托·昂格尔：《现代社会中的法律》，吴玉章、周汉华译，译林出版社 2001 年版，第 187 页。

主义向目的性导向的实质性法律推理转变，从关心形式公正向关心程序和实质公正转变，如何适用规则的决定依赖于如何才能最有效地促进规则所要达到的目的，[①] 法律内的确定后果也让位于对“事实世界中社会后果”的考察，注重从法律之外寻找法律决定正当性理由的实质性法律推理使法律获得了开放性意蕴，形式理性法在体系与逻辑上的圆润贯通由此受到伤害。这一点尤其体现在法律解释与适用过程中，在传统法律解释与适用下，目的解释仅仅是对规则解释、体系解释的补充，并不具备超然的优位性；但实质化趋势下的法律目的解释却发挥了越来越重要的作用，甚至具有决定性、终局性的作用。更为重要的是，此种目的解释所指向的不再是传统形式法治中的立法者立法原意，而是指向一种客观的外在目标。这一目标超越了实证法律规则，体现了对实质正义的客观目标的考量。[②] 这就是所谓的法律目的的超实证化现象。

具体到环境法，目的的超实证化则体现得更为明显。一方面，环境法为解决现实环境问题而生，并非属于法律发展进化的产物，而是理性建构的产物，表现出非常强烈的实践属性与现实目的性，即解决环境问题。脱离环境问题本身，环境法也无存在之必要。另一方面，环境法领域内所调整利益的正当性决定了环境法律目标更为开放和末端。由于环境法所调整各类利益并非传统法秩序中非此即彼的正当或不正当利益。例如，刑法中的生命权与故意杀人行为，生命权是法治长期发展而来的权利，在现在来看具有天然的正当性，而杀人行为具有天然的不正当性。对此的裁判依据，即法律体系内部的逻辑关系就能够形成符合社会效果的法律规制。但环境法不同，其所调整的双方利益关系，均具有较强的正当性，其利益协调并非具有天然性，而是在人类主观意识下建构的，更多的是功利上的考量。不同人由于其所持的价值观不同，其对利益考量的侧重也不相同，难以通过静态文本直接协调双方的利益关系，而且在不同的条件下，利益诉求本身也会发生改变。面对这种情况，往往需要引入民主政治机制，通过民主决策的方式协调利益关系，以获得共识进而获得法律调整的正当性。但这种基于民主政治而形成的共识目标是在特定时空条件下的具体化，不同背景和利益相关者的构成决定了不同的目标设定。这种特定的目标设定

① ［美］罗伯托·昂格尔：《现代社会中的法律》，吴玉章、周汉华译，译林出版社2001年版，第189页。

② 王昭振：《刑法知识转型与实质刑法解释的反形式主义》，《法学评论》2013年第5期。

指向了法律系统之外，在证立环境法自身正当性的同时，也最大限度消解着逻辑推理的法治支撑意义。在面对特定的法律问题时，往往并非诉诸法律本身，而是诉诸特定的客观事实，使法律屈从于环境客观问题解决的需求。

（二）价值的破碎化

无论是传统民法还是传统行政法，无论是教义学的方法还是社科法学的方法，作为法学的领域或方法均预设了一定程度上相对稳固的价值立场。法律将价值判断本身纳入自身应用过程的规则。正是因为法学是价值判断的规则化、规范化乃至体系化，法学从根本上来说就不可能是价值中立的，其必定是对某种价值判断的规则化、规范化乃至体系化，其背后预设了某种相对稳固、唯一的价值立场。① 从法律演化的角度来看，传统法在不同阶段价值立场发生着变化。即从自由法治时期的个人主义之下的私人利益自主追求，自由与权利的张扬，到社会法治时期的社会角色与社会地位的本位。② 但在特定时期内，全部法的价值立场是相对稳固和确定的。然而 1950 年代新兴的环境法所诞生时代是现代祛魅的时代，统一的价值基础已经不复存在，价值呈现多元化，法律的正当性不再依赖形而上学的基础，而是转而求诸经验性的社会环境，只能从法律产生过程和程序中去寻找。③ 这决定了环境法所调整领域与传统法领域之间的巨大差异，环境法并未建立在如传统法一般稳固、确定的价值共识之上，而是建立在一个模糊、动态的“松软沙滩”之上。具体而言：

科学事实判断④引入大幅增加群体间价值判断达成价值共识的难度。环境法与传统法最大的差异在于环境法需要考虑人的法律行为是否符合自

① 参见李强《中国法教义学的“价值自觉”》，《中国社会科学报》2016 年 11 月 16 日。

② 参见［德］图依布纳《现代法中的实质要素和反思要素》，矫波译，《北大法律评论》1999 年第 2 辑。

③ 周赟：《论程序主义的合法性理论——以罗尔斯、哈贝马斯相关理论为例》，《环球法律评论》2006 年第 6 期。

④ 在《纯粹法学》中，凯尔森起初将法律规范作为认识论的对象，即纯粹法学创造的对象，也就是说，他认为法律规范属于“应当”（ought）的领域虽然（这属于价值范畴）；后来，他又强调法律规范的规定性和客观含义（即客观性，这属于事实范畴），甚至认为法律规范是一种“实然的应然”。实际上，事实与价值的二分不是绝对的，有些事实本身就含有价值判断，法律规范就是一种含有价值判断的事实（例如“不准贩卖妇女”就是一条包含价值判断的法律规定）；或者说，事实包括科学事实与价值事实两种，科学事实就是纯粹的自然事实，价值事实则是包含价值判断的事实。参见蔡守秋《休谟问题与近现代法学》，《中国高校社会科学》2014 年第 1 期。

然规律。环境法律将不可避免地将科学事实判断纳入法学的价值判断之中。科学事实判断在传统法中对证据、因果关系等细节性规定产生有限影响，而在环境法中则是决定环境法有无、正当与否的核心环节。如果没有科学事实判断，人类极可能将工业污染停留在“对抗不洁的空气，中和瘴气，帮助预防污染的东西”① 这类价值事实判断之上，自然也无法形成关于大气污染防治法的“应然”判断。这就造成了一种群体间关于环境保护价值判断差异，即关于科学事实判断“知者”与“不知者”、“知其浅者”与“知其深者”，“知其偏者”与“知其全者”之间难以通过规范性程序达成价值共识②。这种“知者”与“不知者”、“浅者”与“深者”、“偏者”与“全者”认知差异，并非单纯的科学事实判断本身上的差异，而更多是科学事实在不同群体间传播度与群体接受度的差异。譬如英国人对伦敦工业烟雾的有害性认识，自17—19世纪末期持续近200年才达成共识。科学家、艺术家、普通公众等不同群体间认知差异巨大。烟雾有害与否普通公众大多是出自直接感受，这意味着只有在烟雾发生大规模侵害，并对普通公众造成大规模的切肤之痛时，其有害性的科学事实才会被公众所正视和接受。③ 就如彼得·索尔谢姆所说，英国人在感受、认识煤烟的危害的同时，确实在建构和“发明”着“空气污染”的概念。因此，就环境法而言，从科学事实判断到价值事实判断再到能够影响法律的价值判断，既是一个科学过程，也是一个社会过程。④

如果科学事实是确定的，随着科学事实的传播与社会化过程，共识最终能够达成。但如果科学事实是不确定的呢？环境保护领域属于深度不确定性领域，⑤ 大到气候变化、能源结构、自然灾害、污染生成，小到致病

① Ludmilla Jordanova, “The Social Construction of Medical Knowledge”, *Social History Medicine*, 1995 (8), p. 81.

② 无论是哈贝马斯亦或罗尔斯，均将法律的正当性、实质性建构在规范性的人民同意，即建构通过规范性的程序而凝聚的民众共识。

③ 陆伟芳：《19世纪英国人对伦敦烟雾的认知与态度探析》，《世界历史》2016年第5期。

④ 参见［美］彼得·索尔谢姆《发明污染：工业革命以来的煤、烟与文化》，启蒙编译所译，上海社会科学出版社2016年版，第7页。

⑤ 将确定性作为标准来划分，公共决策可以分为三种情况：一是确定性，在确定的条件下进行公共决策，叫作已知的已知。二是一般性的不确定，绝大部分的公共决策都有一定的不确定性，就是已知的未知，出乎意料、影响巨大、事后可以解释和预测，这是一般不确定条件下的决策，这种情况下人们往往会采取经验主义的做法。三是深度不确定性条件下的公共决策，叫作未知之未知，就是未知的因素我们至今还不知道。王绍光：《加强深度不确定条件下的决策研究》，http：//isg. hust. edu. cn/info/1026/2036. htm。

因果关系、生态损害鉴定、生态修复标准。科学事实的不确定致使与之相关的价值事实摇摆不定。但是面对扑面而来的环境危机，公众与国家不可能等待科学的发展最终消除这种事实上的不确定性，故而必须做出抉择，即形成所谓“决策于未知的困局”。不确定性导致主体不可能就有关环境问题危害、对策、主体间的利益交换进行精细化的分析，只能在环境危机的逼迫下达成一种抽象的、框架性的共识，然而具体到真实的利益分配与让渡时，却往往会因因果关系的不明而争执不下。

除科学事实判断的因素外，超剧烈的价值冲突进一步加剧了环境法领域价值立场的模糊性。在马斯诺的需求层次论中，环境需求可对应到任何一个层次。这意味着环境法所调整的利益关系可以投射在诸多传统法所调整的领域，例如与环境有关的财产权，抑或是与环境有关的生存权。如此，传统法的既有规范就会赋予环境相关利益的特定法域的价值正当性。横向看来，不同传统部门法所保护的法益并没有一方处于绝对的价值优位。而环境法恰恰要对其进行取舍与权衡，突出表现为传统自由权与社会权之间博弈。如《长江保护法》规定长江干流和重要支流禁止天然渔业资源的生产性捕捞。这涉及 28 万人传统捕捞权与长江流域近 6 亿人的群体生存权问题。前者属于传统财产权与自由权所保护的范畴，具有相当的历史惯性；而后者属于第三代安全本位的社会权范畴①，亦具有现实正当性。不同主体诉求之间并不存在正当性的差异，绝非传统法律秩序中正当性的非此即彼。如此，在没有国家强力或经济刺激的前提下，主体之间价值判断几无通约的可能性，便进一步加剧了价值共识达成的难度。

（三）立法的碎片化

法律实质化对形式理性消解的另一个重要体现就是立法的碎片化。福利国家条件下，行政权随着调整领域的扩大而逐渐细化与专业化，依据领域的细分划归为各类行政权力的运用。那么，以实现国家政策与价值目标为导向的现代法律，也随着行政权领域上的细化而分化。传统公法与私法的划分界线日益模糊，以领域为范围的部门法开始形成。法律整体呈现一种碎片化的趋势，传统体系开始分裂和解体。碎片化对应的英文单词是“fragmentation”，该英文单词也被翻译为“不成体系”。概言之，法律的碎片化指法的各领域日趋明显的专门化和板块化现象，即发展出越来越多

① 汪进元：《论生存权的保护领域和实现途径》，《法学评论》2015 年第 5 期。

的分支或部门或专门类别。这些分支、部门和类别无法用一个统一的上下级体系排列，加之法律关系主体在不同领域的交叉和变化，在法律所涵盖的诸多领域，法律原则适用等问题上出现了重叠、不协调和冲突。[①]

这一点在环境法领域表现得尤为突出。现阶段我国共有39部环境立法，涉及污染防治、自然资源合理开发利用与生态保护三大类，可以说环境法律是现阶段我国立法速度最快、最引人关注的立法领域之一。但大量的立法却经常被学界批评存在法律衔接性不足、体系化不够等缺陷，这“似乎”与环境立法逐渐碎片化的趋势不无关系。现有环境立法分为污染防治法、自然资源法、生态保护法三大类，其下又按照环境因子的自然属性进行划分，进而再对与自然因子相关的社会行为进行类型化的分别立法，具有普遍性的管理手段上升为基本制度，不具有普遍性的管理手段则设计为行政法规或部门规章，加之特别区域立法如流域、自然保护区域立法以及国家与地方立法的划分，环境立法成为一个十分庞大、烦琐的法律体系。以涉水立法为例，从调整对象来看，主要涉及《水污染防治法》《水法》《水土保持法》；从法律规范环境行为过程来看，主要涉及《环境影响评价法》《规划环境影响评价条例》《城镇排水与污水处理条例》《全国污染源普查条例》《取水许可和水资源费征收管理条例》《水文条例》《水行政许可实施办法》《入河排污口监督管理办法》等；从特别区域立法来看，主要涉及《太湖流域管理条例》《淮河流域水污染防治暂行条例》。上述种种还不包括流域范围内条例、地方立法、国家各种规范性文件。从立法的趋势来看，未来还将出台深海资源开发利用立法、页岩气资源开发利用立法、节约用水立法、碳捕捉与封存立法等，环境立法的范围将日趋庞大，其所调整的深度也将越发精细化与具体。随着调整领域的扩大，一些制度措施也将更加普遍进而上升为专门的立法，这将进一步加剧环境立法的碎片化程度，其体系化难度将愈发困难。

有学者批评这种“头痛医头，脚痛医脚”碎片化的立法方式造成了环境立法之间矛盾重重，不成体系，使环境法呈现支离破碎的状态。但从另一方面来看，环境立法的分支和部门之间存在局部的分割与版块组合的现象是立法的专门化、立法分工的必然现象。例如，《大气污染防治法》与《固体废物污染环境防治法》同属污染防治法，在规范行为的逻辑上

① 莫世健：《国际法碎片化和国际法体系的效力》，《法学评论》2015年第5期。

有所不同，前者是从被污染客体的角度设计行为规范的，后者是从污染主体的角度设计的；前者是突出大气环境，而后者所保护的是固体废物所影响的不确定的环境，仅能从固体废物的角度实现行为规范。由于两者关注的重点与规范逻辑不同，因此两者需要分别立法。但两者一定会在特定条件下存在牵连，如固体废物挥发引起大气污染，这就需要对两部立法牵连部分进行衔接性的规定。以现实问题为导向的环境立法，更多的是按照环境法调整的社会事实细分领域划分，而不是按照传统的法律逻辑形成法律整体。这极大地增加了环境法律体系化的难度。数量庞大的环境立法与关注细分领域本身的要求，领域间的法律规则往往存在冲突。例如，《水污染防治法》关注于水质管理，而《水法》则专注于水量控制，各自成立了独立的标准和管理体系。但从水环境、水生态管理的角度来看，水质与水量是一体两面、不可切分的。而细分领域立法造成了两部涉水立法在概念体系、制度体系与执行体制上冲突不断。在这个意义上，当前阶段环境法体系内部远没有形成一个逻辑自洽的统一体，仍然存在价值评价的矛盾、错误与规则上的漏洞。①

（四）法官的自由裁量权扩张

形式理性的法律将司法看成运用概念与逻辑在封闭体系内进行法律推演的过程，规则的假定、行为模式与后果一般是明确、具体和确定的，可以直接适用。强调对规则的严格遵守和对实在法的绝对服从，以此来限制法官的自由裁量权，限制在做出官方选择时所要参考的相关因素的范围并以此确保法律适用结果的中立性与确定性。② 而福利国家背景下实质化的法所调整的社会关系日益纷繁多样，以概念与逻辑构成的封闭法律体系进行的法律推演则有些力不从心，难以适应案件的实质化需求。为解决这一困境，在立法中往往出现一些非明确、非具体的模糊性规则与一般条款，这种模糊与一般规则“在性格上既非法律的，也非习律的或传统的，此种规范乃诉诸实质的正义”③。那么，这种模糊规则与一般条款的司法适用，则意味着法官的权力不再仅仅局限于对意义明确、范围确定的普遍规

① ［德］弗里德里希·卡尔·冯·萨维尼：《论立法与法学的当代使命》，许章润译，中国法制出版社2001年版，第11页。

② 刘翀：《论现代性背景下的法形式合理性及其危机与解决》，硕士学位论文，华东政法大学，2008年，第23页。

③ ［德］马克斯·韦伯：《法律社会学》，康乐、简惠美译，广西师范大学出版社2005年版，第325页。

则的运用和实施，而是要结合目的、原则和判决的可能社会效果等诸多法律之外的因素来重新对规则进行解释与厘定。这也要求赋予法官更大的自由裁量权，以便向其中填充实质性内容。

从环境实定法具体内容来看，我国环境立法呈现规则的模糊性与一般性的趋势。当不确定的规则被援引时，法官就需要借助各种解释方法为规则填补空缺、清除瑕疵，从而使疑难案件的判决能够恢复为大小前提清晰明确的简单案件状况。在这一过程中，法官自由裁量权会随规则不确定性程度的增加而呈现扩张的趋势，解释方法将作为一套程序性的指令填补规则不确定而出现的拘束力真空。[①] 但解释方法的拘束力是有限的，当规则的不确定性已然超越规则必需的程度甚至达至空洞的程度，法官就需要更多采用解释方法排序[②]中后位的目的解释、比较法解释与社会学解释。这要求法官更多地考量社会效果与政策需求。但从专业性的角度来看，法官似乎难以在复杂且高具科技性的环保领域预判社会效果、准确把握政策中的利益考量。如果法律外的因素挤占了法律的地盘，法官就会超越立法者的位置，法治社会的权力格局以及法律自身的权威和尊严都面临严重的威胁。[③] 在整个司法能动的背景下，环境司法越发强调法官积极主动去解释和适用法律原则与目的，以适应社会效果或政策调整等法律系统外部的需求。如此也会形成事实上法官自由裁量权的扩张，这一趋势削弱了传统法律形式理性对法官自由裁量权的限制。

（五）行政权自我编程

在早期形式法治时期，通过形式理性的法将政府行政权运作的正当性转化为行政权的合法性。在形式理性法的框架下，行政权依据法律保留原则和行政法治原则从而保证行政权的合法性与合目的性，法无明文规定，行政行为不得为之。行政权被严格限制在法律授权范围内。但随着公共行政的兴起，政府导控任务增加，行政机构因而被赋予艰巨的任务，不仅要应对当下的问题，而且要面向未来发展；不仅要维护市场秩序，而且要关

① 杜寅：《环境立法确定性命题的提出与展开——以固废法体系为例》，《中国地质大学学报》（社会科学版）2019 年第 3 期。

② 解释方法的一般性排序为：语义解释、体系解释、目的解释、比较法解释和社会学解释。参见桑本谦《理论法学的迷雾——以轰动案例为素材》，法律出版社 2008 年版，第 61 页。

③ 桑本谦：《理论法学的迷雾——以轰动案例为素材》，法律出版社 2008 年版，第 73 页。

照生活状况；不仅要应对社会的危险状况，而且要预防潜在的风险。[①] 立法机构不可能通过立法权将福利国家内行政权运作的方式一一予以规定，其穷于应付，并且往往在专门问题面前无能为力。为尊重行政权运作的专业性质，保证行政权运作的效率，现代立法并不如传统形式法治时期那样对行政权严格控制，往往采用模糊授权的方式，将权力“一揽子”授予行政机关。行政领域的专业性行政机关依据行政权制定相应的行政立法，进而依据其所确立之法履行行政权。此种现象就被称为行政权的自我编程。这一现象在现代法治中愈演愈烈，超出了传统形式法治时期法律与行政之间严格的依存关系，冲击传统形式理性法对行政权的控制，同时在法律实施层面越来越表现为对行政的依赖及由司法向行政转向的趋势。

行政权的自我编程在环境法领域体现得尤为明显。环境行政不同于传统秩序行政，有较强的科学技术性，这就决定了环境行政有非常强的专业性。这种专业性是立法、司法通过法律内部的形式概念、规则难以进行形式价值判断和利益取舍的。出于对环境行政专业性的尊重，立法往往并不直接对环境行政权的具体内容进行规定，而是授予行政权主体采用行政立法的方式予以细化，最为典型的就是环境保护法中普遍存在的各类环境法的实施细则。这是行政权的自我编程现象在环境法领域的高度凸显。除法律实施细则外，从性质和运行来看，环境法领域的各类技术规范性文件也涉及行政权力的运作与对行政相对人的现实拘束力。但长期以来，我国环境技术性规范的制定缺少法治框架的限制，属于环境行政权的专属领域，其程序、内容、制定主体缺乏法律的明确规定。

第二节　中国环境法治的本土特征

任何法律规则都是相对于所处的时代背景而言的，环境法治及其法律规则的建构与运行也是如此，缺少中国话语背景的任何理论探讨都是无本之木，任何法律制度也都是飞来之石。中国当下法治背景构成了进行理论探讨与法律规则建构场域，是未来理论与制度建构的基石，同时，新的理论与立法又不断形成新的场域。中国环境法治的本土特征在一定程度上也与法的形式理性要求形成了张力。

① 刘翀：《论现代性背景下的法形式合理性及其危机与解决》，硕士学位论文，华东政法大学，2008年，第23页。

一　中国环境法治的同构性

西方的法治发展过程是一个历史的演进过程。按照托依布纳对西方法治阶段的划分，可分为的形式法阶段、实质法阶段和反思法阶段。形式法的正当性在于对个人主义和个体自主性的维护，个体自由与权利成为绝对价值，将国家与法作用限定为对个体主义秩序的维护。形式法在内在结构上是根据分析的概念体系、演绎的严密性和规则导向的推理标准建构的。法律专家法形式运作的思维，以普适的方式适用法律的专门知识。形式法阶段的典型代表即是各国民法典以及与形式法治相匹配的概念法学。在实质法阶段，其与社会福利国家的增长以及国家对组织化的市场结构干预联系在一起。实质法从自主转向规制，通过对经济活动和社会活动的集体规制，从而弥补市场的不足。在形式法中占支配地位的规则导向由一种逐渐增强的目的导向来补充。法律专家不是严格适用精确界定的法律规范，而是更多地适用开放界定的标准和模糊的一般条款。在方法上形成了一种功能主义的教义学，试图通过法律思维和实践解决后果论和认知后果问题。从形式法治阶段向实质法治阶段的转化，社会价值共识由绝对的自由与个人主义转向人的基本权利。实质法为现代福利国家的政治干预提供了适当的法律形式。实质法为政治系统目标提供了工具化的手段。伴随工业化大生产变革、生态危机与信息技术革命，社会日益复杂化，风险与价值碎片化几何级增长，实质法治阶段确定、稳固的目标难以维系，继而反思法得以逐渐涌现。反思法的核心在于通过组织规范和程序规范设计重新界定和分配不同主体参与能力，创造、促进和重新界定社会自治，以应对价值破碎化，同时在动态学习中不断适应社会风险变化。在内在结构上，反思法倾向于依赖那些对过程、组织、权利与权能的分配予以规制的程序性规范。较之形式法与实质法，反思法从对行为和目标的直接控制退回到重新分配和界定控制权、决定权的更为抽象的程序、原则层次。其并没有在内容上直接作出决定而是决定作出决定的前提。反思法的作用是建构和重构半自主的社会系统，型塑不同系统之间的话语程序和它们与其他社会系统之间相互协调的办法，为功能分化的社会重新整合创造结构性前提。① 可以看出，西方历史中的三个法治阶段历时近 400 年，不同阶段法治的目

---

① ［德］贡塔·托依布纳：《魔阵·剥削·异化——托依布纳法律社会学文集》，泮伟江、高鸿钧等译，清华大学出版社 2012 年版，第 281 页。

标、话语体系与方法理念存在差异。但这并不意味着三个阶段是相互替代的关系，而是交替产生的共存关系。西方环境法治发展与实质法治阶段、反思法治阶段重合，是建立在形式法治充分发展基础之上的。

我国环境法治发展阶段有所不同。自改革开放以来，我国环境法治发展与传统部门法的发展几乎同步进行。1989 年《环境保护法》与 1979 年《刑法》、1989 年《行政诉讼法》、1986 年《民法通则》等几大传统部门基本法几乎同期颁布实施。2020 年我国颁布了《民法典》这一标志性法律，其意味着我国公民权利保障到达了新阶段。从世界范围来看，我国是少数环境法先于民法典产生的国家。这一法治的发展过程显然不同于西方历史演进式的、阶段交替产生的发展过程，而是一种多阶段同步进行，多类型法律同构的过程。在过去法治迅速发展的 40 多年，一方面，经济建设与社会发展的需求决定了我国需要建立公民权利保障体系，逐渐理清和界定国家权力的边界；另一方面，科技的迅速发展决定了我国又不得不面对风险预防、价值碎片化、科学不确定性等法治问题。如果完全从西方法治演进史角度来看，前者是法治的现代化甚至前现代化议题，而后者则属于法治的后现代化议题。在中国，这两种议题交织在一起并同时出现在当下的时空场域之中。换句话说，我们在加速法治建设的过程中，需要在几十年的过程中完成西方法治先行国家近 400 年的法治发展道路。这种法治建设的急迫性、压缩性决定了环境法律规范的关系、体系逻辑的严谨性、概念的自洽性和规范性难以在短时间内实现。因为，法律形式——概念、逻辑、法律解释、法学方法——要对纷繁的社会现象、法律规范进行细致的提炼与分析，并形成相互关联的逻辑链条，绝不是一朝一夕之功。此外，不同阶段的法律旨趣、结构焦点与方式方法上的差异也决定了我们进行法律形式上完善的难度远超西方线性演进式的发展模式。

二　中国环境法治的国家战略性

不同于传统部门法内在目的论的建构具有浓厚的个案正义特点，环境法治更倾向于生态危机中的整体主义或者说功能主义。个体的价值判断在环境法治并不处于绝对的中心位置。如果环境法治不能有效回应客观存在的环境污染、生态破坏等生态危机，环境法律以及其运作的法治过程就失去了意义。因此，在环境法治中突出强调结果符合生态环境的客观规律，个案的判决与体系解释必须符合生态环境客观规律，个案判决必须有助于公众群体行为符合生态环境客观要求，使公众价值朝着生态环境友好的新型价值发展。但影响环境法功能主义效果达成的因素非常多，包括科技因素、经济因素、政治因素、价值因素等。也就是说，环境法治过程是综合诸多因素后的系统性法治过程，其要反映当前阶段特定科学技术对因果关系、损害结果、治理手段的认识，特定经济发展阶段对生态环境—成本效益认识、国家战略资源与战略焦点对环境保护的理解和认识，以及社会公众对于生态环境保护的普遍认识以及态度。同时，对于诸多要素需要从一个整全性的视角窥以全貌，还需要兼顾到不同群体视角的差异性以及利益诉求的差异性。那么如何从多要素角度、整全性的视角展开环境法治呢？这就涉及环境法治的国家战略性。国家战略是贯穿环境法治全过程的核心主线。

环境保护是政治系统、经济系统、科学系统、社会道德系统与法律系统等诸系统协同合作的过程。在这一过程中，政治系统凝聚共识，指引诸系统向着同方向进行同频共振。通过政治系统所呈现的国家战略能够反映出特定技术、经济背景下国家与人民对于生态环境保护的基本共识和目标。除政治系统外，某一单一系统所观察出的结论由于缺少国家民主政治制度的筛选和国家权力的确认，并不具有法律上的规范性以及价值上的正当性，不能够作为把握环境法治主线的核心。同样，虽然环境法治应当关注环境法科学技术性的面向，使其符合生态整体主义与热力学定律的客观规律，[①] 但这种科学技术面向并非直接反映在环境法律之中，而是经由国家战略与政策得以承载和反映的。环境法的整体框架服务于环境危机因应的国家战略与国家政策，而国家战略与国家政策在一定程度上又是国家在价值基础、经济承受力、治理能力三种背景之下选择的结果。国家战略政策一方面框定了环境法治范围，另一方面也确定了环境法治的主线逻辑。事实上，在现代社会中，法治的政治功能从维护国家统治逐渐转向促进国家治理，各类环境立法时机是否成熟的政治因素也主要体现为政党的治国理念以及立法过程中的权限分配与利益衡量。因此，环境法治要从当前及未来一段时间内的国家战略出发，在现行法秩序基础上型塑一套与国家战略适配的环境法律体系。

---

① 邓海峰、俞黎芳：《环境法法典化的内在逻辑基础》，《中国人民大学学报》2019 年第 2 期。

三 中国环境法治的动态性

环境问题的公共性与不确定性决定了在环境领域利益诉求的多元性，共识形成过程困难且复杂。① 国家生态立法在面临主体利益、区域利益、类型利益多元化而导致的复杂性时不可能对社会共识进行精准的表达，难以进行实质层面精致的利益切割。任何一种武断、非理性的切割都可能损害各类群体的正当利益，进而导致社会秩序的崩坏。在法律规则层面就表现为立法的模糊化、一般化与抽象化。在这个意义上说，国家环境立法的“宜粗不宜细”并非不理性，而是在理性有限、信息不充分条件下尽可能地确定与精细，其将实质层面的利益表达与社会控制交由行政和地方立法、行政执法与司法，赋予下位立法者、执法者、司法者高度的自由裁量权。在这一过程中，生态法治中心逐渐由上向下转移，由立法表达向法律实施转移，呈现出尾端开放趋势。这种中心迁移一方面要求在生态法治的尾端层面能够真实反映社会需求，解决客观存在的环境问题，消解其急剧增加的社会压力，稳定社会基本秩序；另一方面又必须制约不断扩张的行政权与司法权，防止裁量权的专断，并对尾端所反馈的利益信息及时回应。② 这一特点类似于反思法的特征，通过组织规范和成绩规范设计重新界定和分配不同主体的参与能力，创造和促进社会能力应对生态环境问题。这决定了整个环境法治的建设过程是一个不断发现问题、解决问题的“螺旋式上升”的过程，不可能在超验的理论理性下一步到位，而是动态性的。这要求环境法治体系必须对外部环境保持高度的敏感性，及时对外部环境信息作出反馈，以尽可能小的法治改革代价获取最大的适应性效应，以应对外部环境的复杂性。生态立法、执法、司法需要在遵守法治基本价值与秩序的前提下，及时对法治建设中积极、有效的改革予以固化，将其作为普遍化、制度化、常态化制度建设中的一部分。③

生态法治建设的复杂性和动态性决定了国家层面信息不足与理性有限，国家生态立法不可能事无巨细对社会关系进行精确而具体的规定，但这已经是一种在目前信息状况下尽可能的确定。这是造成生态法律规范性

---

① 参见李启家《环境法领域利益冲突的识别与衡平》，《法学评论》2015 年第 6 期。

② 钭晓东、杜寅：《中国特色生态法治体系建设论纲》，《法制与社会发展》2017 年第 6 期。

③ 钭晓东、杜寅：《中国特色生态法治体系建设论纲》，《法制与社会发展》2017 年第 6 期。

与社会效果冲突的最主要原因，仅依托于法律解释是不可能解决的，过度解释忽视现实社会关系或将又陷入极端概念法学的困境之中。在生态法治领域，司法权、行政权的扩张倾向正是信息由下到上的补充过程。在立法内部也必须有类似的信息补充机制，使生态法律体系能够保持对信息的敏感度，这一机制正是我国不断兴起的环境地方立法。环境地方立法不同于中央层面的立法，其不局限于法律规则的体系性，而更为强调法律规则的针对性与可操作性。环境地方立法接近一线执法，距离真实的社会关系更近，这就决定其对信息更为敏感，在微观的法律规则层面较之国家信息更为充分，更符合环境行政末端管理的需求。[①] 实际上，2015 年《立法法》修改将环境立法权进一步下放至设区的市，正是对上述规律所做出的积极反应。就近年来设区的市环境地方立法实践来看，未来中国的地方立法会呈现井喷式的增长，其立法内容与立法质量或将由对上位法的细化与执行向填补国家立法空白与解决地方特定问题转向。大量的地方立法将对国家层面的模糊立法进行补充，同时对自上而下的国家立法理性进行矫正，其更多是尝试与实践性质的，更加符合生态法治建设渐进性的发展方式。国家立法应当对地方立法中那些有普遍性、共识性、有效性的立法经验予以借鉴，及时反馈至国家生态法律的文本之中，形成自上而下与自下而上双向互动体系。

中国环境法治的同构性、国家战略性、动态性是由环境法现代性与中国本土法治本土性决定的。在一定程度上，中国环境法治的三重特征会与环境法的形式合理性形成张力。形式合理性之下的逻辑自洽、规范结构与概念体系意味着一套相对稳定、固化、统一并且内在于法律的价值判断。而这在当下世界环境保护领域几乎是不可能的，环境法治必然与国家战略高度绑定在一起，呈现出特定的开放性。其必然与国家的法治进程有关，且受其限制，同构性决定了环境法治不得不在同一时间段处理三种不同类型、理念和结构的法律问题，这必然会加剧逻辑自洽的难度，也阻碍了体系化的建构。但这并不意味着强调中国法律的形式理性是无必要或无可能的。作为法的理性两面中的一面，形式合理性虽然并不优于实质合理性，但其不应当被忽视。

① 钭晓东、杜寅：《中国特色生态法治体系建设论纲》，《法制与社会发展》2017 年第 6 期。

第二章

法律形式理性与环境法的形式理性要求

认识论决定价值观与方法论。对法律的认识决定了对法律应然价值的追求，决定了审视法律的视角与立场，继而决定了解决所发现问题的方法与路径。从概念法学到利益法学，再到现代的新自然法学与新实证分析法学，无不是特定历史条件下由法律认识论的转变而引起的法学方法的转变。上一章交代了环境法形式理性困境所处的特定时空条件，本章将引法律的形式理性理论来认识处于上述时空条件下的法律。

第一节　韦伯"形式理性"法理论

韦伯是德国著名的社会学家，被视为社会学理论的三大奠基人之一。韦伯明确提出法律的形式理性理论，认为其是西方法律的最主要特色，对后世西方法律的发展产生了决定性的影响。韦伯强调形式理性①是法律的必备属性，主张只能通过形式实现法律的理性。这意味着法律必须在形式上与政治、宗教、道德等外部环境相互分离，强调法律的自治。②

一　何为"理性"

"理性"是韦伯描述和处理法律现象的核心。③ 韦伯所使用的"理

---

① 受时代背景的影响，韦伯对法的本质的认识有一定的局限性，将实质理性与形式理性对立起来，并强调形式理性的法是法律发展的最高阶段。韦伯所处的时代是德国自由法治国时期，概念法学的地位达到空前的高度，处于正逐步向利益法学过渡时期。

② 赖骏楠：《马克斯·韦伯"法律社会学"之重构——观念论的力量与客观性的界限》，《中外法学》2014年第1期。

③ 在韦伯《经济与社会》一书的中译本中，"合理性"是等同于"理性"的。例如，韦伯写道："法创制和法发现可能为理性或非理性的。"此处，"理性"指的是"合理性"。（转下页）

性”不同于哲学上的“理性”。韦伯语境中的“理性”是与“非理性”相对。理性意味着逻辑上的明确、抽象、可计算的规则和程序的使用，是一种获得真理所必须遵循的方法与路径，而不是情感、惯例等其他。而在法律领域的理性，就是法律能够制定、颁布和适用普适性规则的程度。韦伯在法律领域中使用“理性”包括四种具体含义：由规则或原则所支配，法律秩序的“体系化”特征，基于对意义的逻辑分析的法律方法，纠纷解决的方法反映出理智的控制。[①] 这四种含义相互关联且为法律理性核心意涵空间。

“理性”的第一种含义表示由法律或法规所支配的事物，在这个意义中，事物的实质内容和程序状态是理性的。在这种理性的法律秩序中，个人的权利和义务是由某种普遍的并能被证实的原则决定的，这一点是必须和绝对的。“理性”的第二种含义是指法律秩序的“体系化”特征。“体系化”意味着通过现实生活抽象而来的法律规则之间应当符合逻辑关系，互不冲突，并涵摄于某一规范之下。“理性”的第三种含义是指通过对法律事件之意义的逻辑分析，可以把各种与法律相关的事实特征构建成一个逻辑命题，同样，通过对法律条文之意义的逻辑分析，可以找出某一特定法条与上述事实命题之间的相关性，最后通过演绎推理的方式，可以得出一个法律上有效的结论。“理性”的第四种含义是可以为人类的智力所把握。我们不难看出，韦伯对理性的定义一开始就带有强烈的形式主义色彩，其背后与当时的康德哲学背景密不可分。[②]

（接上页）正是由于“理性”一词经常出现于韦伯对社会生活各个领域的论述之中，造成我们常常对这个词语在韦伯理论中精确含义产生困惑。

① 程苗：《韦伯形式理性法理论之评析——兼论建构充分理性的中国法》，博士学位论文，吉林大学，2011 年，第 54—61 页。

② 考虑到韦伯与同时代的新康德主义学者过从甚密，康德哲学的根本范畴对他而言绝非陌生。在康德的认识论体系中，“形式”（form）与“质料”的结合保证了人类对世界尽可能完整的理解。在《纯粹理性批判》中，“形式”意味着对人所经历的感性现象进行规整和赋形的能力，主要体现为时空意识、概念、判断、推理、规则乃至体系的能力。这些能力是直观或者思维的根本依据，它们都是先天的存在，是普遍性和必要性的化身。亦即，它们体现出了纯粹的“合理性”。而“质料”则意指现象中纯感觉部分，有时也指现象本身。它们属于后天的经验，处于一种杂多状态。这种杂多和混乱只有依赖主体的“形式”能力才能获得统一和秩序。换言之，在人类认识中，“合理性”只属于“形式”，而“质料”只被指派了“非理性”的角色。

二 形式理性与实质理性

韦伯所描述的理性在经济、法律、宗教和技术等不同的社会领域中所呈现的理性化路径是不同的。由于内容和目标不同，每个领域中理性的表现形式是不同的，且相互之间不能共存，意味着有不同的和相互冲突的社会行为模式。韦伯将理性划分为形式理性与实质理性，可以说这就是韦伯在观察法律领域特征后对法律理性的一种专门性的划分。韦伯所描述的形式理性是指“用技术上尽可能适当的手段，目的合乎理性地计算出来”，并且试图实现“形式上的可计算性的最大限度”①。这种形式理性是从纯粹的形式和工具的角度出发，强调行为潜在的效益最大化，主体会依据理性选择最佳的方案以实现效益的最大化。那么，形式理性的核心就是能够为行政人提供一种可计算的预期，也是一种实现效益最大化的工具路径。

韦伯认为，法律是形式理性的最高代表，法律的形式理性就是使用明确的技术方法得到确定的结果。行为人通过法律规则能够清楚地知晓其行为的效果，从而基于趋利避害的理性而做出自身利益最大化的决策。韦伯认为，法律之所以是形式上的，在于法律无论在实体法上还是诉讼法上，都是正确无疑的，具有一般性的事实特征，不会因为行为人的所期待而发生改变；同时，法律为人们提供了一个行为框架，通过这一框架的逻辑计算就可以实现行为人利益的最大化。韦伯所描述的法律形式理性包括三个层次或阶段：首先是通则化，指将决定个案判决的标准理由化约为法律命题，亦即明确的、具有可计算性和可预见性的法律规则。其次是综合化，对一个完整的法律关系的建构，意味着法律规则相互关联成一个内部无矛盾的具体法律制度。最后则是体系化，将所有法律命题和法律制度加以整合，形成一个逻辑清晰、毫无矛盾和漏洞的完善规则体系。②

而韦伯的实质理性是指“提出伦理的、政治的、功利主义的、享乐主义的、等级的、平均主义的或者某些其他的要求，并以此用价值合乎理性或者在实质上目的合乎理性的观点来衡量”③。较之以形式理性所强调

---

① ［德］马克斯·韦伯：《经济与社会》（上卷），林荣远译，商务印书馆1997年版，第107页。

② 赖骏楠：《马克斯·韦伯“法律社会学”之重构——观念论的力量与客观性的界限》，《中外法学》2014年第1期。

③ 程苗：《韦伯形式理性法理论之评析——兼论建构充分理性的中国法》，博士学位论文，吉林大学，2011年，第54—61页。

的手段和程序的可计算性，实质理性是由实质性的目的与价值目标来决定行为的，行为人是立足于目标而非工具或者行为框架做出决定的。实质理性强调目的与后果的价值。韦伯认为，实质理性的法意味着以目标为导向，那么，包括伦理、政治、经济等目的价值取向的规则会破除法律的形式结构与抽象逻辑，导致法将不法。①

韦伯认为，在法律领域，形式理性与实质理性存在不可避免的矛盾。形式理性的法律所提供的可计算的行为预期扩大了人类的自由空间，就像公式和数字一般，将数字带入公式就可以得到确定的结果那样通过法律控制自己的生活。但是，形式上的裁判以及法律必需的抽象性，在现实中处处会与实质价值理想相冲突。而且这两种理性间的矛盾不可调和，“除非完全放弃法律家内在固有的形式性格，否则法律家的法绝不会完全满足上述那种期待（指‘实质’期待），而且从来没有满足过”②。

三　形式理性的法

韦伯在观察整个社会演进与社会中法律发展的基础上，依据形式与实质、理性与非理性两个维度，将人类历史上的法律划分为四种法律形态，以说明法律的内在特点：形式非理性的法、实质非理性的法、实质理性的法与形式理性的法。从韦伯梳理的法律发展脉络来看，法律遵循着形式非理性→实质非理性→实质理性→形式理性发展过程，逐渐实现法律的理性化。③ 这里重点讨论现代法律的两种形式——实质理性法与形式理性法。

实质理性法是指法律决定的做出受到那些不同于透过逻辑性的经抽象的意义解明而得来的规范的影响，如以伦理、功利或者道德价值等目的取向的规则。最为典型的是宗教性的法律，其由权力主体颁布制定，目的在于实践社会伦理所形成的福利政策。由于此类法律产生于神学院，具备抽象的概念以及体系化的法律理论，因而具备理性的性格。但是，这类法律遵循传统不变的规则，而非依据逻辑思考，是对伦理、功利上实质价值的追求，并未区分法律的形式与实质，混同于宗教伦理与社会道德，因而其

---

① ［德］马克斯·韦伯：《法律社会学》，康乐、简惠美译，广西师范大学出版社 2005 年版，第 28 页。

② 赖骏楠：《马克斯·韦伯“法律社会学”之重构——观念论的力量与客观性的界限》，《中外法学》2014 年第 1 期。

③ 陈聪富：《韦伯论形式理性之法律》，http：//tieba. baidu. com/p/103898421，最后访问日期：2021 年 4 月 11 日。

是实质的而非形式的。[①]

形式理性法是指“法律命题及原则的一般化，法律规范的体系化以及逻辑分析的方法阐释法律命题与社会行为的意义”[②]。形式理性法强调对确定、普遍规则的适用，法律规则源于逻辑一致、规制无缺的法律体系，并独立于政治、道德、宗教等法律外部标准，从形式来看具有高度的可预测、可计算性。[③] 韦伯认为，形式理性的法必须遵循五项基本要求：第一，法律规则是抽象的法律命题，并能够适用于社会事实；第二，必然能够从法律的抽象命题中得出适用于行为决策的具体事实；第三，法律规则之间必然是逻辑一致的，并且相互关联而形成体系；第四，不能通过法学技术予以抽象的那部分社会事实与法律无关；第五，人类的全部行为都可以被法律所解释为合法与违法，意味着法律绵密无缺，是一个完美的体系。[④] 伯尔曼在《法律与革命》中认为，韦伯所描述的形式理性法是一种逻辑一致的抽象规则的结构，通过符合逻辑的方式将全部有效的法律规则铸造成内部一致复杂的法律体系。相对于形式理性法，实质理性并不强调逻辑一致性，而是强调逻辑之外的道德、伦理、功利等目标价值。[⑤] 韦伯所主张的形式理性法如同机器般运转，不受任何外部因素的干扰，极力强调法律的工具性与自治性。

四　韦伯形式理性法理论局限性及启示

通过对韦伯法律形式理性理论的梳理，不难发现，韦伯对形式理性的认识较之现代社会对法律的理解显得有些极端、机械和僵化。这与韦伯所处的历史时代有关，其理论不可避免地带有时代的局限性。韦伯所处的时代处于资本主义的兴起阶段，形式上的自由和平等是市场经济必然要求。同时，其所处时代也是形式法治与概念法学的最高峰，《德国民法典》即

① 程苗：《韦伯形式理性法理论之评析——兼论建构充分理性的中国法》，博士学位论文，吉林大学，2011年，第54—61页。

② 陈聪富：《韦伯论形式理性之法律》，http：//tieba. baidu. com/p/103898421，最后访问日期：2021年4月11日。

③ 郑戈：《法律与现代人的命运：马克斯·韦伯法律思想研究导论》，法律出版社2006年版，第118页。

④ 陈聪富：《韦伯论形式理性之法律》，http：//tieba. baidu. com/p/103898421 最后访问日期：2021年4月11日。

⑤ ［美］哈罗德·J. 伯尔曼：《法律与革命：西方法律传统的形成》，贺卫方等译，中国大百科全书出版社1993年版，第653—654页。

在此时制定颁布，韦伯难免受到纯粹法学的影响，排斥指向法律外部的正义、道德等实质价值。随着第二次世界大战后福利国家的兴起与价值法学、新自然法学的崛起，法律及法学逐渐呈现实质化的趋势，强调实质的平等，逐步向实质理性靠近。① 韦伯将法律的形式理性与实质理性截然对立起来，全然忽视了法律即社会的法律的实质精神，割裂了法律与其所产生土壤——政治、伦理、道德、宗教等社会规则的关系。缺少实质价值追求的法律，必然是空洞的，同时无法摆脱被权力机关操纵沦为权力压制工具的命运。

尽管形式理性法理论有一定的历史局限性，但其有关形式理性与实质理性的划分被后世法学家和思想家所继承，并推动了后来的制度法学派、新分析法学派的发展。继韦伯之后，当代西方的一些法学家和思想家也对法的实质理性和形式理性做了分类研究。新分析实证主义法学的代表人物拉兹曾提出的八项法治原则②及新自然法学的代表人物富勒在论述法的道德基础时所论及的法治原则③，在本质上都是形式理性法理论的延伸。

韦伯的形式理性法理论揭示了法律与政治、伦理、道德、宗教等高度实质理性社会规则的区别，并将法律的形式理性上升为法律自治的必然条件。在韦伯看来，法律的规范性、内部逻辑结构体系性共同构成了法律形式理性要求。在具备形式理性法的情形下，公民能够在一定程度上预测其行为的潜在可能从而做出决策，司法与执法均在法律的框架内实现，避免了法官的过度自由裁量，保障了行政权力行使的合目的性，防止国家权力的滥用。从法的形式理性的要求及其作用来看，形式理性法理论对完善我国立法制度、提高立法质量及科学立法是有一定指导意义的。同时，韦伯所提及的形式理性的三个阶段，即通则化、综合化、体系化，对立法方法论的科学化具有重要的借鉴意义，尤其是在环境立法等需要大量立法的新兴部门法领域更为重要。因为在新兴部门法领域，立法多为针对现实的客

① 严存生：《法的合理性研究》，《法制与社会发展》2002 年第 4 期。

② 拉兹法治八原则：法不溯及既往，应公开明确；法律应相对稳定；特别法的制定应受公开、稳定、明确的一般规则指导；保障司法独立；遵守自然正义原则：公开审理，不得以偏见司法；法院应对其他原则的执行握有审查权，即审查议会和行政立法等；法院应易于接近：省时省钱；预防犯罪的机构在行使裁量权时不得滥用法律。

③ 富勒法律内在道德八大原则：法律具有一般性；法律必须被公布；法律不溯及既往；法律具有清晰性；法律不能相互矛盾；法律不能要求人们做不可能之事；法律应当具有稳定性；法律公布的规则与实际执行情况相一致。

观社会问题所制定，并非历史演进而形成，具有相当的理性建构的成分，最典型的例子就是环境保护法。在新兴部门立法过程中，往往先通过政策试点，汲取经验教训后在全国范围推广，待条件成熟由政策上升为法律，即政策的法律化。在政策的法律化过程中，往往会忽视对特定规则的通则化过程，机械地将政策语言应用在法律中，造成法律制度的政策化，同时，逐个应对式的立法往往缺少通盘考虑而导致法律体系化程度较低。因此，形式理性法中所提到的通则化、综合化、体系化的立法方法论具有重要的参考价值。

第二节　法律形式理性的外部考察——基于法律系统论

韦伯的形式理性法理论明确提出了法的形式理性与实质理性的两分，并强调形式理性之于法律不可替代的价值，强调法律的自治，排斥政治、道德、伦理、宗教等外在因素的影响。但事实上，法律是社会的法律，法律不可能离开其政治、道德、宗教、文化土壤而独立存在，仅能是相对独立的存在。后世法律及法学的发展也证明了，法律理性不可能唯形式理性，其核心价值仍是实质理性。但由于历史认识的局限性，韦伯的理论并未能调和形式理性与实质理性的冲突，也未真正认识到法律与政治等其他系统之间的互动关系。但幸运的是，和韦伯一样，作为规范维护型的法社会学代表，德国法社会学家卢曼，看到了在社会理性分裂下的法律自治。不同于传统“法律与社会”的研究路径及“通过法律的社会控制”的法学雄心，卢曼继承了韦伯的法律形式理性的基本观点，他将法律理解成为社会中的一个结构和运行独立封闭的子系统，并与社会其他子系统互动与关联。卢曼认为，法律的发展就是一个从其他社会子系统中逐步分化出来的过程，法律系统相对封闭自治不由系统外部的其他子系统决定，更不由少数权力者的一致决定，法律有其自己的逻辑和运行方式，“自己主宰自己”。①

一　社会系统的分化、系统功能与系统功效

卢曼系统论中的前提性认识是，整个社会是一个庞大系统，系统之外

① 参见宾凯《法律如何可能：通过“二阶观察”的系统建构——进入卢曼法律社会学的核心》，《北大法律评论》2006年第2辑。

的一切被称为环境，系统与系统外部相互区分与联系。任何系统要维持自身的存在和发展，都必须将外部环境中的复杂性化约为简单性，否则系统将为环境所吞没。社会系统为了维持自身的稳定性，适应社会环境的多样性，必须丰富自身的内部结构以提升自身化约复杂性的能力，这一过程就表现为社会系统自身内部各个子系统的分化与产生，即“社会分化”。早期的社会分化是纵向上的层级分化，表现为社会上的各个阶层。现代社会的分化方式则是横向上的板块分化，法律、政治、宗教、道德、科学、艺术等从社会中分化成为各个独立的子系统。① 各个子系统共同作用，从而形成了社会整体的系统功能。就像合唱一样，每个声部代表了子系统，均有自己的音调，通过指挥和节奏贯穿于全部声部并形成一部完整的合唱。其中，法律类似合唱中的节奏，贯穿整个社会系统，与经济、宗教、道德等均有关系。但是，节奏不可能代替任何一个声部，其只能把握节奏、控制期待，而这种功能的发挥是要建立在节奏与旋律、声部差异性的基础之上，即法律的相对封闭与自治性。

法律会从社会中分离出来而成为一个相对独立自治的子系统，原因就在于现代社会复杂性增长带来的压力。传统社会中法律与道德、宗教、伦理混同交融的规则（法律规则）不能使人们获得相对稳定行为的预期，这种稳定的行为预期是化约社会复杂性的关键因素。从这个角度讲，法律的自治并不是法学家极力鼓噪或者权力运作的结果，而是社会客观发展“物竞天择”的结果。社会发展必然导致法律从其他子系统中分化出来，并具有独立性，同时，随着社会的多元性、复杂性增强，法律的作用会越来越凸显。② 从现实状况来看，伦理、宗教、道德等传统行为规则退居其次，而法律逐渐成为现代核心的行为规则。

卢曼将法理解为“依赖于规范行为预期的一致一般化的社会系统的结构”，其功能在于实现规范性预期的稳定。③ 卢曼对“预期”进行了区分，进一步区分为“规范性预期”与“认知性预期”。所谓规范性期待，是指那种虽然经历失望仍不会改变的期待，而认知性期待则是经历失望与挫折则会做出相应调试和改变的期待。规范性期待是非学习性的，是

① ［美］乔纳森·特纳：《社会学理论的结构》（上册），丘泽奇等译，华夏出版社2001年版，第72—73页。

② 鲁楠、陆宇峰：《卢曼社会系统论视野中的法律自治》，《清华法学》2008年第2期。

③ 鲁楠、陆宇峰：《卢曼社会系统论视野中的法律自治》，《清华法学》2008年第2期。

"择善固执"，而认知性期待是学习性的，是"因势利导"。法律系统的功能在于维持一种"规范性期待"。一切社会生活都是直接或间接地基于法所形成的，法最基本的功能在于为社会成员提供行为预期。在社会演进与选择的历史过程中，法律超越了宗教、道德、伦理，而成为唯一能够胜任这种稳定"规范性预期"的功能子系统。这要求法律本身即便与社会实效存在落差与分离，但其必须依然能够确保社会及其成员对法律的一般性坚守，否则这种稳定规范性预期的功能就会由于对目标的追求而消失殆尽。从这个意义上讲，"法律必须被信仰"表达的就是法律"规范性预期"功能的必要。

那么，这种对规范性期望的稳定对社会系统有什么作用呢？卢曼将其比喻为免疫系统的功能发挥。免疫系统的作用就在于使系统拒绝外部环境，而非适应环境，正如自治的法律系统一样，其可以拒绝环境，根据自身的设计和预期来处理社会的不安定干扰。法律就是社会的免疫系统，其弥补了社会对于环境抗干扰能力低下的缺陷，表现在对社会纷争的预见和处理模式上。法律预设了争议的发生与延续。法律封闭与自治的结构在处理这些纷争时无须考虑环境因素，仅依据法律本身就可以定纷止争。对于法律而言，什么是争议、争议的评判标准、争议的解决路径都是由法律系统自己规定的。而现代司法中"禁止拒绝司法原则"进一步强调，即便是在法律系统认知不足的情况下，也必须做出法律上的裁判。正是这种相对自治、封闭与对认识的相对"不依赖性"，能够保证法律作为社会免疫系统功能的实现，即社会面临的各种干扰都能够在法律系统中得到解决，即使在法律系统对干扰缺乏预见以及必要知识的情况下亦是如此。①

在系统论的视野之下，环境法律所欲解决的现实问题与环境法学多强调的结果主义导向可以被称为法律的功效。功效是系统论中与功能相区分的另一个概念，"乃是法律为其内在于全社会的环境，尤其是为全社会的其他功能系统所提供的东西"②。这种功效是法律系统之于社会环境的回应和调控。对社会的回应和调控，会引起法律系统的变化。但回应和调控都不是盲目的，不是社会环境的所有变化，法律系统都选择回应，而是需

① 王琦：《系统、社会和法律——卢曼法律系统理论研究》，硕士学位论文，吉林大学，2011年，第19—24页。

② ［德］尼克拉斯·卢曼：《社会的法律》，李君韬译，五南图书出版股份有限公司2009年版，第178页。

要通过自身的程序进行“选择”。同样，法律系统自身对社会的调控，也并不是任意的，而是需要直面社会运行的“法则”。[①] 在这个意义上说，生态系统的整体需求并不必然导致环境法律的改变，同时，即便环境法律朝着整体论的方向发展，也并不必然实现整体论的目标。环境法律只对那些纳入政治议题或广义的规范性文件承认的整体需求进行回应，仅仅是学术或环保群体为环境的奔走呼号并不会引发环境法律实质意义上的回应。而这种政治议题、规范性文件对整体需求的回应可视为政治系统等外部系统变化对环境法律系统的扰动。换句话说，政治系统并未将生态系统的整体需求纳入权力框架之中，经济系统不承认生态系统的整体性价值而未将其纳入货币框架内，科学系统未将生态系统整体需求作为真假议题进行判断时，环境法律系统是不可能对生态环境的整体性需求进行回应的。例如长江保护立法，关于长江流域立法的建议早已有之，1999 年全国人民代表大会曾酝酿制定专门的《长江法》和《黄河法》，其间学者又多次提出专家意见稿，但立法最终搁浅。根本原因就是关于长江流域立法在中央政府、实务部门、学者之间尚不存在共识，政治系统并未将流域的整体需求纳入系统内部进行考虑。而 2016 年后，长江流域生态环境恶化影响到长江经济带国家重要战略的实施，政治系统予以关注并促进了诸系统对长江保护的协同，继而《长江保护法》在短时间内得以出台。只有当环境法律所输出的信息符合系统外部环境的“法则”的时候，才能真正产生系统间的同频共振继而形成相应的功效。以国内推广的城市垃圾分类为例，外部系统是否契合法律所输出的信息导致不同城市垃圾分类立法的实效差异。当地市政府关注度、市民环保意识、市民的守法程度、基层组织的动员能力、垃圾分类基础设施完备程度、资源回收效率都成为影响地方垃圾分类立法实效的原因。这在一定程度上解释了环境执法和守法中所普遍存在的“抽象的肯定，具象的否定”现象。其根本原因是环境法所提出的要求与系统外部环境契合度不足，导致无法形成系统间沟通，继而选择牺牲合法性，形成“环境执法偏离”。[②]

---

① 李忠夏：《功能取向的法教义学：传统与反思》，《环球法律评论》2020 年第 5 期。

② 杜寅、高颖：《从还原论、整体论到系统论：环境法学方法立场的省思》，《贵州大学学报》（社会科学版）2021 年第 2 期。

二 法律系统结构的封闭性与认知的开放性

上述法律系统的功能依托于法律系统独特的内在结构，可以说，法律系统的结构决定了法律系统的功能，从而使法律从诸多社会子系统中分化出来；法律系统的功能决定了法律系统的结构只能是特定的自指涉与自再生的规范系统。这一点有些类似于韦伯关于形式理性法的认识，法律的外在形式决定了法律的理性，法律的理性就表现为法律的形式理性。但不同于韦伯，对宗教、政治、道德、经济等实质理性的悲观，卢曼观察到法律保持内在的封闭结构的同时，还从认知的层面对法律系统以外的环境保持开放，从而避免了韦伯般形式理性与实质理性的割裂和对立。从这个意义上讲，卢曼关于法律形式的认识较之韦伯更为精确，也更符合法律系统运作的现实情况。

如前所述，法律系统通过功能的自治，实现了法律系统从社会系统中脱离从而与其他子系统相区分，实现了法律系统的自治与封闭。另外，法律系统又必须对社会保持一种开放度，没有与外界环境的交流，系统就如同人体不能获得养分一般死亡。在卢曼看来，法律系统的自治与开放是法律结构与法律运作的两个方面，可以将法律总结为一个规范上封闭但认知上开放的系统。所谓封闭，是指只有法律能够决定法律，只有法律能够改变法律，法律的运作依据也只能是法律。任何法律系统之外的因素，都不能被排除在外。而认知的开放，是指法律系统需要注意到环境中的外部事实，因为法律的运作依赖于这些事实。例如，对案件的裁判还需要了解与案件相关的事实，法律规则的内容如何也必须来源于事实本身。如此，法律系统必须对外界保持一种开放的态度，对外界事实不断地学习。但是这种开放和学习只能以法律方式进行，同时，其认知和学习的成果也只能以法律内部封闭的结构表现。

卢曼进一步通过符码与纲要两个法律结构解释了法律系统如何实现开放性与封闭性的统一。符码是合法/非法的二元符码。法律系统自己运用合法/非法符码从无穷的信息中加以选择，并转译为法律信息。从这个意义上讲，法律系统实现了“封闭”，在根本上是一个“自主”的系统，能通过这一特有的符码排除其他社会子系统的干扰。但是这一符码只能判断外界信息的合法与非法，但不能判断符码本身的合法与非法。这就需要以“纲要”为基本形式的认知开放。所谓纲要，就是关系到如何分配合法/

不合法的价值，以及这种分配是否正确的规则。符码负责维持法律系统的封闭性，而纲要负责系统认知的转化，将环境信息转化为法律系统循环的条件性命题，并通过改变纲要的方式来适应外界环境的变化。法律系统通过纲要的改变，而维持其符码不变与同一性，实现了法律系统开发与封闭的统一。例如，1896 年美国确立了“隔离但平等原则”，而后又确立了“隔离即不平原则”，这一过程看似是法律内容的质变，但是，法律本身合法与非法的符码化结构没有改变，只是通过纲要的改变来回应环境的变化。而且卢曼认为这种回应并非来自法律系统的外部压力，而是来自法律内部本身。即便是开放的，而且会随着环境的改变而改变，但法律仍然是自主的系统，改变发生在系统内部，而不是一个自足的系统，需要向外界学习。

因此，较之韦伯，卢曼对法律自治与法律外部实质价值的认识更为深刻，法律系统开放与封闭不仅不是矛盾的，而且是建立在法律系统内部自治的结构之上的，“开放有赖于封闭”。法律系统能够从环境中获取信息，恰恰是系统内部运作的结果。如果系统不能做到结构上的封闭，那么其必然与环境混同，进而消失在环境之中，也就无所谓合法与非法。[①] 建立在运作封闭之上的认知的开放，保证了在法律系统内部逻辑结构不受影响的前提下，能够对环境的激扰做出反应，实现对现实生活中行为预期的稳定。

三　法律系统的中心与边缘：司法与立法

前文中提到社会系统的分化，分为政治、经济、法律、宗教等各个子系统。这是一种抽象的方法论，同样可以适用于法律子系统中，即法律子系统同样能够分化形成一个部分性的系统。在卢曼看来，法律系统有两个非常重要的组成部分：立法与司法，不能仅通过层级模式来理解司法与立法在法律系统中的地位关系，而应该运用“中心与边缘”这一模式来解释。

卢曼认为，法律系统的中心就是承担司法功能的那些组织，主要指的就是法院。法律系统的其他部分均处于系统的边缘地带，因为其并不存在“运作上的规定”，没有裁判的压力。因此，处于边缘地带的立法能够在系统中实现与其他社会子系统的交流，环境信息通过纲要体现在立法之

① 杜健荣：《卢曼法社会学理论研究——以法律与社会的关系问题为中心》，博士学位论文，吉林大学，2009 年，第 73—82 页。

中，突出表现为立法阶段的利益博弈过程，各种利益诉求、实质价值决定了立法的内容。法律在这个层次上所维护的是法律形式上的必然结构和逻辑性，即法律规则、法律规则结构与法律规则间的逻辑性，法律规则的内容具体是什么则由环境信息综合决定。①

而司法则不同，立法的内容最终要通过裁判在环境中发挥作用，那么必然要求系统与环境之间相互隔离，否则系统就消融于环境，难以发挥作用。那么，司法必然处于一种“自我孤立”的状态中，司法必须严格以法律系统内部的规则为依据，司法人员也必须受到严格的资格限制。如果司法不能排除外界环境的干扰，那么，法律的符码化结构就只能停留在静态层面，失去了封闭的意义，仅仅是一种空想。在中心与边缘中，边缘体现了对环境的敏感性，对应了法律认知上的开放，法律系统经过中心实现自身的形式与实质上的自治。前述“不得拒绝司法原则”要求即便在认识不足的前提下，法院也必须做出裁判，因此，法院的裁判不可能都立足于社会的外部共识或价值之上。争议诉诸法院，就意味着争议本身就是共识上的匮乏。对于那些与判决相关的共识需求，可以转移到法律系统的边缘来处理，通过立法上的利益博弈与学术论辩达成共识，进而进入法律系统内部。而法律的中心地带则不需要对共识性的问题予以回复，仅依据共识下的规则即可，从而实现法律系统运作上的独立与封闭。

四 法律系统的内外关系：通过功能实现功效

如前述法律系统包括环境法在内的现代法律系统的两种结构指向——功效与功能。功效负责法律系统对外部的调控，由他指涉的结构调整，而功能由自指涉的结构调整，负责对外部的环境激扰产生回应。在这个意义上说，功能扮演了法律的工具属性，而功效扮演了法律的目标属性。社会整体包括诸子系统通过法律系统的规范性预期稳定功能促使法律追求的功效得以实现。就环境法学而言，两者可以简化为目标与手段的关系。当缺少整体论指引时，环境法律的内在自我指涉运作——功能的发挥是盲目的，而缺少还原论的支撑时，环境法的他指涉运作会缺少外部系统支撑而流于无效。

这一认识对环境法学方法论会产生两种要求。一是以功能为导向对外

① 王琦：《系统、社会和法律——卢曼法律系统理论研究》，硕士学位论文，吉林大学，2011年，第19—24页。

部方法、要求的法教义学转化。整体论所强调的生态系统要求都是以“真/非真”的事实性要求，其进入法律系统为法律系统反应并输出形成相应的功效时，其必须要受到法律系统的规制。即由“真/非真”结构转化为“法/非法”的结构。这在立法论领域表现得尤为明显，不同学科对立法所提出的要求最终需要通过法学整合在法律文本中。而这一整合过程恰恰是事实要求向应然结构的转化过程。其并非是简单的语义与表述过程，而是受到相关制度结构、法律规范严格制约的。以《长江保护法》为例，生态系统的整体性要求即便成为共识，最终落实到立法仍需要通过环境法律所能接受的方式得以实现。对环境法而言，标准与规划两类规范结构对系统外部要求保持高度的开放性，是容纳“真/非真”等科学判断最佳的结构类型。《长江保护法》通过生态标准体系、流域排放标准、流域规划使外部的事实性要求进入了法律系统内部，并通过既有的环境许可、环评、禁限、执法等予以具体落实。也就是说，整体论所要求的目标作为经验事实的一种，被引入法学体系当中，首先要在特定的规范框架内才会有决定意义，同时需要在法律系统之内进行一种对后果的再评价。[①] 至于这种目标是否真正能够转化为所期望之功效，则依赖于法律系统内部对目标的考量是否能够体系化，是否能够与既有规范形成信息冗余，继而实现法律“规范性预期的稳定”功能。而这一个过程并非一个自动的过程，而是法学人在方法论指导下的主观能动过程，即“通过功能而功效”对环境法学方法的第二种要求。

二是以功效为导向的环境法教义学。也就是说，在进行教义学的概念涵摄和概念建构时需要融入实体性的价值判断，这种价值判断往往是生态化的。这在环境法解释论领域体现得较为明显。例如，在江苏泰州案中，二审法院将生态损害赔偿的计算方式与“违法成本必须高于守法成本”事实要求相结合，并被最高人民法院于再审程序中所采纳。后续法院对生态损害赔偿的计算方式说理均采取相同的论证路径。在江苏泰州案中，外部的外部事实判断是：损害治理成本应当远远高于守法成本，否则企业必然会选择违法。尤其是当地频发化工企业偷排危险废物，如不能通过典型案件树立价值标准，必然导致当地生态环境的进一步恶化。如此，在生态环境损害领域，一种事实判断与社会价值的应然性判断巧妙地结合在一

① 李忠夏：《功能取向的法教义学：传统与反思》，《环球法律评论》2020 年第 5 期。

起，并形成了一种可司法的“知识储备”。这种知识储备能够在类案中反复使用，甚至可以在不同属性的案件中创造性地借鉴使用。而这种知识储备并非普通价值判断的推理过程，而是将外部价值引入教义学体系并进行固定的过程。尽管在这一过程中，存在着主观性且无法完全知识化的价值判断，但使法律论证过程的外部指向最终实现了内在化。① 也就是说，环境法的教义学并非一个仅追求确定性的不变过程，其还包含了多样性的要求。在环境法领域这种多样性主要来源于法律系统对社会的主动调控，即前文中所提到的“在社会中建立一种新型的价值”。而这会形成我们所强调的“以功效为主导的教义学”的危机。环境法教义学外部价值的融入更多的是依靠当下对未来的超前预判，故而会出现预判与未来现实不一致的情况，继而造成当下法律决策的风险性。对这种风险的克服仰赖于有关事实信息掌握，即外部信息、方法的引入。而这恰恰又回到“以功能为定向对外部方法、要求的法教义学转化”。也就说方法一与方法二是互为一体、相互支撑的。

但这并不意味着法律功能与法律功效之间不存在冲突。在功能与功效之间发生冲突时，功效需让位于功能的实现，比如某项法律规定以环境保护为目标，然而所采取的措施却无法实现环境保护的目的，在法律修改之前，则仍应按照该法律规定做出相关决定，此所谓“稳定化规范预期”的优先性。换言之，目的与现实之间是存在差距的，由于社会的复杂性，一项旨在促进经济发展的法律规定，并不一定会实现此项任务，但法律的功能不能因此而受影响。无法实现其功效的法律，社会实效性自然会大打折扣，长远来看会影响到法律的权威性，进而影响法律系统的运转。②

五 规则、价值与正义

卢曼的自创生法律系统理论，抛开了传统法学以法律规范、价值、人为核心的研究范式，进入了一个类似于生命系统的研究视角。卢曼的社会系统理论十分庞大，跨越历史与学科，其有关法律自创生系统理论，仅仅是其庞大社会学理论在法律领域的一个具体运用。这里，我们需要通过传统法学视角尽量还原卢曼的理论，以便能够与传统法学理论衔接。

卢曼的思想继承了韦伯形式理性和实质理性的区分。他认为，法律的

① 李忠夏：《功能取向的法教义学：传统与反思》，《环球法律评论》2020 年第 5 期。

② 李忠夏：《功能取向的法教义学：传统与反思》，《环球法律评论》2020 年第 5 期。

形式就是法律系统结构自身、法律文本及形式上运作的自我指涉。例如，民法中关于死亡推定的论证，实际上并不符合现实价值的要求，但法律规定就使其具有形式上的正当性，法律内部的运作也以此为依据。法律的结构与形式保证了裁判的必然性，同时实现了法律的自治，避免其陷入世界事实的复杂性之中。而法律的实质则保证了法律不会自我孤立，能够对环境的干扰产生回应，也能够对环境产生作用。从这一认识出发，卢曼认为，规则的自我指涉是法律形式上的论证，而对价值的指涉是法律实质上的论证。

卢曼常常将法律系统描述为由法律规则构成的整体，法律系统通过规则保存它与其他环境的区别。通过规则，法律可以在不同的案件中反复运用，并不需要再去论证规则本身的正当性和合理性，仅需要考量其是否合法即可。当然，规则本身也会通过系统内部边缘——立法，结合案件事实不断丰富而予以修正。与规则相对，价值指向的是法律系统的外部环境，如经济利益、人民平等。法律通过价值保持系统与环境间的关联，如政策的法律化与合法化。但是，法律中的价值依然是通过法律自身建构的，依然是法律结构中“真实”的部分，其最终还需要法律系统封闭的运作予以实现。因此，价值必须通过法律系统内部的信息转化机制，必须能够包含在规则之中。作为法律的两个面，法律系统的自我指涉与异指涉——规则与价值总是协同发挥作用。对于法律的存在和发展而言，缺一不可，其使系统与环境在区分的前提下保持了系统与环境的互动。

正义是法律理论的核心问题，卢曼对于正义有自己独到的见解。传统法学理论认为，正义就是法律的道德性，将法律与道德联系，并将符合道德的正义价值作为目标纳入法律之中。卢曼认为，法律并非以目的为导向，正义也非法律所追求之目的。但是，并不意味着法律与正义相互分离，他认为，正义并不在符码层面体现，而是体现在纲要层面。正义意味着一个对所有法律程序都适用的程序，经由正义性，法律系统可以进行一种自控制。[①] 简单的理解就是，平等原则在法律上的形式体现，即相同的案件相同处理，不同的案件不同处理。也就是说，任何案件的裁决的产生都要与以前的相关案件进行比较，同时还需考虑未来相关案件的

① 王琦：《系统、社会和法律——卢曼法律系统理论研究》，硕士学位论文，吉林大学，2011 年，第 24 页。

影响。经由正义，法律系统形成了一个运作上不断回溯性的网络，任一案件都必须与其他相关案件的相似性或者不相似性这一回溯性网络相关联进而被判决，同时，这一判决又是对该回溯性网络的确认和再生产。正义只对法律运作产生的结果提出要求，而对法律本身并不提出要求，其保持了法律系统的封闭。当然，这一要求建立在法律系统中结构与司法裁判能够实现平等裁判的前提下，这是法律系统内部事务，与系统外部的道德要求无关。因此，卢曼系统论下的正义就不再指向利益分配或者合道德性的价值判断，而仅意味着一种判决上的前后一致。法律也不再刻意强调其应当屈从于道德、政治、宗教的外部安排，而仅在于法律自身的运作及其相互关联，否认了其他子系统对法律系统的预期。① 这一认识实际上从形式正义的角度，再度强化了韦伯所描述的形式理性法的自治性，强调了法律的形式结构的独立与运作上的封闭。

第三节　从认识到方法：法律系统中的法律要素

无论是韦伯的形式理性法理论，还是卢曼的法律系统论，实际上均是社会角度的外部观察。将法律作为一个整体，考虑法律之于社会、形式之于实质的研究，回答了法律整体上“是”的问题：在形式与实质的冲突中，如何抉择；在法律自治与开放的矛盾中，如何衔接。这种宏大的理论，给了法学研究者一个观察者的外部视角，去理解法律系统作为一个整体的外部功能，同时去理解法律的形式结构对于法律系统的发挥是起决定作用的，缺少这种外部结构，法律系统也就不能再被称为法律。其解释了即便在法律呈现实质化趋势的今天，仍有必要强调法律的形式理性，否则法将不法，实质化的法所追求的价值也无法通过法律系统本身予以实现。以实践关怀为中心的环境法学研究所需要的不仅仅是宏大的理论叙事，还需要能够对所急需的立法理论、法律解释提供理论支撑，需要对环境法本身如何发挥法律系统规范性预期的稳定性功能的方法予以指导，尤其需要这一理论能够回答我国环境立法与环境社会效果的负相关关系。这就需要将韦伯、卢曼的外部理论结合传统实证分析法学的内部视角，对法律整体及法律的基本要素提出形式理性的要求。这就需要深入法律内部，从一个

① 王琦：《系统、社会和法律——卢曼法律系统理论研究》，硕士学位论文，吉林大学，2011年，第26页。

内部视角观察法律。实证分析主义法学强调法律是作为具有严密逻辑结构的规则体系而存在的。分析法哲学的一个目标，也许是唯一的目标，就是要说明法的结构。因此，实证分析主义法学极为强调法律作为一种具有逻辑自洽性的体系而存在的特性。自实证分析主义法学诞生之日起，这种观念就一直支配着其自身独特的学理脉络。① 如此，就必须结合实证分析法学的研究视角，从法律内部的角度观察法律的形式理性。

一　法律的要素构成

法律的要素，是指构成法的基本元素。任何时空中以整体形态存在的法律都是由基本的要素构成的。如果我们把整体形态的法律看成一个系统，那么法律要素就是构成系统的元素。历史上法学家对法律的要素的认识各不相同。实证分析法学的早期代表奥斯丁将法的要素归结为单一的"命令"，其法律是由主权者命令构成的整体，强调了法律的强制性和有效性。英国新分析法学派法学家哈特将法律归结为单一的"规则"要素。他认为，法律规则可以分为主要规则和次要规则。主要规则是设定义务的规则，次要规则是授予权利或权力的规则。次要规则又可分为承认规则、改变规则和审判规则。制度分析法学派代表人物德沃金在批判单要素论的基础上提出三要素论，即规则、原则和政策（政府为了保障社会公共利益的决定、决策）。社会法学派代表人物庞德将法律归为律令、技术、理想三种要素。他认为，法律概念有三种含义：法律秩序、权威性资料、司法行政过程。权威性资料包括律令、技术和法律理想。律令是包括规则、原则和概念。技术是指解释和适用法律的规定、概念的方法和在权威性资料中寻找审理特殊案件的根据的方法。理想最终归结为一定时间和地点的社会秩序的图画，归结到有关那个社会秩序是什么以及社会控制的目的是什么的法律传统，这是解释和适用法律的背景。②

中国法理学通说认为，法的要素是规则、原则、概念。这一认识将一国全部法律视为一个整体，这一要素划分是可行的。但是如果具体到部门法，尤其是具体到新兴的领域法，上述要素划分有较大的问题。以环境法为例，环境法整体法律的架构建立在环境问题的解决基础之上，其不同于

① 钱锦宇：《论法律的基本必为性规范》，博士学位论文，山东大学，2008 年，第 109 页。

② 李龙主编：《法理学》，人民法院出版社・中国社会科学出版社 2003 年版，第 60—61 页。

传统法律自然形成过程，其属于国家理性建构的法。那么，欲解决什么问题、在什么程度上解决问题就成为法律整体的关键因素。翟勇教授认为，“环境法学者在研究和解释环境法律问题时，必须理解环境法律背后的国家战略”①，这一国家战略决定了环境法律的结构与价值需求。这一理解与德沃金和庞德所强调的政策要素、法律理想要素一样，其本身指向了法律系统与系统外部环境的交叉点，环境法的要素中尤为关键的就是这一实质理性与形式理性的交叉点即法律目的。因此，法律目的应当是环境法律最重要的要素。

用法律概念来理解“法教义学是对法社会学的速写”这句话再合适不过了，法律概念就是对各种有关法律的事物、状态、行为进行概括而形成的术语。对传统法来看，法律概念具有悠久的形成历史，概念本身就已经是高度抽象化而形成体现价值追求的法律意涵空间。但是，这并非概念本身的目的，法律概念的初衷是将法律规则中内容的共性部分予以概括，减少法律规则的复杂性。例如，所有权这一概念，虽然体现了民法上私法自治、产权保护的价值追求，但其本身仍可以被若干条法律规则或部分法律规则替代，如果不能被法律规则替代，那么所有权概念本身就不能够被解释。可以说，概念的形成仅仅是立法技术的问题，但漫长的法治发展的历史赋予了概念价值因素。具体在环境法领域，作为新兴的法律领域，由于缺少历史沉淀，环境法尚未形成独有的法律概念。多数法律概念仅是客观事实的描述性概念，而缺少价值判断。例如，环境影响评价或者“环境”概念本身，其法律价值判断非常少，多为事实上的客观陈述与描述。因此，应将概念作为规则内容或者法律条款表达的一部分，在环境法领域，规则要素已经足够涵盖法律概念要素。

综上所述，本书借鉴传统实证分析法学中法律要素理论，将环境法的要素归纳为法律规则、法律原则、法律目的三个要素。

（一）法律规则

法律规则是具体规定法律行为模式与法律后果的行为准则，是构成法律的细胞。② 可以这么说，自从人类社会出现法律以来，世界没有无法律规则的法律，离开法律规则的法律是不存在的。多数情况下，法律的功能

---

① 翟勇：《环境法在国家发展战略中的重要地位》，http：//www.npc.gov.cn/npc/c221/200801/4b65ca5972054fa2979c662eb34d85b9.shtml，最后访问日期：2021 年 5 月 12 日。

② 李龙主编：《法理学》，人民法院出版社 2003 年版，第 60—61 页。

与作用是通过法律规则的执行与适用体现出来的。法律规则不一定是法律体系中一种实际存在的法条，而是由法学家根据法律规范性发挥功能的方式抽象出来的一种逻辑形式。法律要发挥作用，必须将法律制度中各个法律渊源逻辑地集合起来，形成一个独立的、最小的完整单位，针对每一个具体行为环境，给出人们在此环境中“应当”的行为模式，而对此种“应当”模式的追求，就表现为对法律规则的追求。[①] 实证分析法学派从奥斯丁、凯尔森，到哈特、拉兹，再到麦考密克，始终将法律规则及功能作为他们理论的逻辑起点。根据规则的行为模式和后果性质的不同，可以将规则分为义务性规则、赋权性规则。

法律规则与卢曼有关法律系统结构封闭性与合法/非法的符码有融通的理解，只是观察的角度不同。法律规则要求具有严格的行为模式——法律后果结构，行为人通过行为模式和法律后果，即可预测其实际行为预期的负担，进而符合法律秩序的安排。实际上，法律规则这种结构从形式上保证了法院判决的一致性，为卢曼“规范性预期的稳定”提供了微观的结构支撑，只不过卢曼通过法社会学将其抽象为合法/非法的符码。在整个法律系统中，法律规则的结构保障了法律系统结构的稳定，排除了道德、政治、宗教等外部干预，也保障了卢曼“公平式”的正义。在很大程度上，卢曼所理解的法律结构就是法律规则本身。

（二）法律原则

如果说法律规则是法的“细胞”，那么法律原则便是将这些细胞联系起来的“组织液”。法律原则与法律规则密不可分，离开原则的规则就缺少了价值与灵魂。拉兹认为，在法律体系之中，除了指向事情和人的规则外，还存在指向规则的规则，这类法律规则并不具备严格的行为模式与法律后果的结构，但作为维护法律规则的有机系统发挥作用，这便是法律的原则。在奥斯丁时代，法律制度和法律体系的特点远未达到如今这种不容忽视的程度，今天如果离开对法律制度化、体系性的认识，几乎不能认识法律。麦考密克认为，法律原则对于促成法律规则之间的有机关系起到了非常重要的作用。对于一个成熟的法律制度来说，不同的规则只有联结在一起通盘考虑才“有意义”。[②] 规则之所以相互联系，就在于其与一个更

① ［苏］阿列克谢耶夫：《法的一般理论》（下册），黄良平、丁文琪译，法律出版社 1991 年版，第 406 页。

② 侯学勇：《麦考密克论融贯》，《政法论丛》2008 年第 2 期。

为一般性的规则保持了一致，并且是这一一般性规则的具体表现形式。如果这一一般性规则是合理的，那么它就成为判断其他具体规则是否合理与正当的标准，这一一般性规则就是原则，原则解释并证立了所有与之相关的具体规则。通过原则的价值追求与工具理性，将似乎无关联的规则结合到一起，为规则的正当性起到了证立的作用。①

法律系统论认为，法律系统是一个自主的系统，但不是一个自足的系统。法律系统需要通过“纲要”这一形式结构去决定具体的事件或者行为合法与否，保持对外部认知的开放，纲要就是关于符码运作正确性的判断标准。在法律系统内部，为了回应外部环境，仅需要改变纲要的内容，不需要改变符码及符码的运作。从这个意义上看，法律系统的开放与封闭不是矛盾的，而是“开放有赖于封闭”，形式理性承载了实质理性。而从内部视角观察，卢曼所描述的纲要可以理解为法律原则。当外部环境发生巨大改变超出法律的调整范围时，首先发生改变的应当是法律原则，再依据法律原则对法律规范的内容进行修改，但法律规范的分类及基本结构不会改变。较之卢曼的外部视角，实证分析法学派对法律开放性的观察更为细致，不仅观察到法律认知需要开放，更观察到法律认知上的开放如何影响法律结构的问题——法律原则是法律规则的标准与尺度。

（三）法律目的

立法是“由特定主体，依据一定的职权和程序，运用一定技术，制定、认可和变动法这种特定的社会规范的活动”。而法律目的，就是立法者在“制定、认可和变动法这种特定的社会规范的活动”之前根据立法者所代表的利益和需要设定的立法的价值标准。正如麦考密克认为的，如果法律的制定并未促进共同的价值，那么它们就没有产生意义。② 法律目的就是麦考密克所提到的“共同的价值”。在这里可以给法律目的下个定义，即“立法主体为自身的需要，针对法律所调整的对象，采用科学的立法方法和立法技术，制定和选择相应的或最佳的立法方案，事先设定立法所要实现的具体目标”③。

在传统的私法和警察公法中，法律目的不言自明，因为其目的是法律长期进化和演进的结果，已经深入法律的概念、原则与规则之中，很少看

① 侯学勇：《麦考密克论融贯》，《政法论丛》2008 年第 2 期。

② 侯学勇：《麦考密克论融贯》，《政法论丛》2008 年第 2 期。

③ 周旺生：《立法学教程》，北京大学出版社 2006 年版，第 66 页。

到此类实定法中有明确的法律目的条款。但是，随着福利国家的兴起，规制国家公共行政的现代法越来越呈现实质化的倾向，其中一个重要的趋势就是法律对外部实质价值的追求。这种实质价值内容往往会通过立法目的予以明示，这种目的体现了建构理性。目的内容本身并非如传统法一般深入全部法律之中，而是依据国家政策、经济、社会现实需求由立法者予以选择的结果。以环境法为例，1989 年《环境保护法》立法目的确定了二元法律目的，这与当时以经济为中心的社会整体环境密不可分，体现了当时立法者的价值倾向。那么，这种二元立法目的必然会推导出相应的法律原则，进而通过原则对法律规则进行价值牵引。而 2014 年修订《环境保护法》将公众健康确定为首要法律目的，突出强调了环境危机下对公众健康的绝对保护，进而推导出特定的环境保护优先原则。这种理性建构形成的法律目的决定了法律原则，也决定了整个环境法的价值追求。法律目的为法律原则的正当性提供一个证立的作用，并使法律原则胶合在一起，同时为原则之间的冲突解决提供了一种依据。因此，在此将法律目的作为法律要素之一，体现了《环境保护法》要素认识的个性。

二　法律要素间的关系——基于法律的融贯性理论

法律要素间不是孤立存在的，而是关联在一起形成一个法律整体。就这种法律体系内部的关联性，20 世纪 70 年代，西方法学形成了融贯性理论以解释法律体系的关联性与法律论证的关联性问题。本部分仅讨论法律体系的融贯性问题。

（一）法律的“融贯性”

“融贯”一词，可作“融会贯通”来理解，通常指一个人对于某一事物或某一知识体系整体上有了综合性的认识与理解，不再把各个部分或局部看作分散的，而是看作彼此间具有某种程度的联系。在哲学领域，融贯的基本要求在于，系统内各个命题之间的相互支持。

欲清楚理解融贯性，必须先对一致性进行区别。一致性，是指如果命题能够被毫无冲突地嵌入与其命题的关联之中，那么命题之间就是一致的。[①] 融贯，是指如果一系列命题集合在一起能够作为一个整体并产生出

① 侯学勇：《麦考密克论融贯》，《政法论丛》2008 年第 2 期。

"共同的意义"，那么它们之间就是融贯的。[①] 即使命题间相互一致，也有可能是不融贯的，因为命题之间没有"共同的意义"。例如，一项规则规定载重车辆最高时速不得超过 20 公里，另一项规则规定客车车辆最高时速不得超过 30 公里。单纯从两项规则来看，并不存在逻辑上的不一致。但是两项规则之间并没有什么联系，无法抽象出共同的价值意义，不能对上述两项规则的正当性进行解释，即上述两条规则是非融贯的。麦考米克对这一现象的总结是，如果法律的制定没有促进共同的价值，那么就没有产生规则整体的意义，这种情况与法律的体系性和稳定性等形式要求是相左的，消解了法律的形式理性。但是，如果我们通过将上述两项规则中引入"载重车速度过高会对其他行驶车辆造成安全隐患""客车乘客较多，一旦发生事故后果严重"两个条件，就使上述两项规则形成了"对于交通中人身安全的优位保障"这种共同价值追求，上述两项规则就变得融贯起来。因此，一致性是融贯性的必要条件，但非充分条件。融贯性包括两个层次：一是意味着命题间无逻辑矛盾；二是体系内要素必须积极地关联，这种关联不仅仅是逻辑上的关联，还包括价值判断上的相互支持与证立。[②] 融贯性对于法律来说是一种可追求的最佳状态，只能不断地趋近与融贯，并非法律固有的天然属性。这意味着法律的融贯性需要被建构，一个体系内各个要素融贯性越高，这个法律体系对应的评价就越好。这同时也意味着，法律的解释尤为关键，通过法律解释将现实的条件符合逻辑地加入法律规则之中，凸显规则间共同的价值追求，使整个法律体系质量提升。最为典型的例子是，各个部门法一般会通过宪法规范的解释寻求宪法规范与部门法目的、原则之间的关联性，从而实现部门法与整个法律体系的融贯。

这种法律体系的融贯性与法律的形式理性有密切的关系。阿列克西和佩策尼克认为，"如果某个规范体系或价值体系比任何其他相竞争的体系更融贯，那么就有初步的理由认为它是正确的"[③]。产生这种显现正确性的初步理由，是因为一个融贯和连贯的体系总是能导致同样的情形同样对

① 侯学勇：《麦考密克论融贯》，《政法论丛》2008 年第 2 期。

② 雷磊：《融贯性与法律体系的建构——兼论当代中国法律体系的融贯化》，《法学家》2012 年第 2 期。

③ 转引自雷磊《融贯性与法律体系的建构——兼论当代中国法律体系的融贯化》，《法学家》2012 年第 2 期。

待，允许生活在这个体系中的个人更为合理地安排自己的生活，使个人能够清晰地预见其行动的确定性后果。这一认识与卢曼关于系统论下正义的理解颇为一致。同时，体系的融贯指向了法律的安定性，而法律的安定性这种形式理性要求能更好地在一种体系导向的规制而非无序与分散的规制中被实现。形式理性是法律的固有属性，因此，融贯性构成法律形式理性的重要的结构内容。

（二）法律体系融贯性要求的三个层次

依据前述关于融贯性的理解，法律的融贯性有三个层次的要求：

第一个层次是一致性。一致性构成了最低层次的融贯性要求，要求在这个体系中不能存在明显冲突的法律规则。形式正义最基本的要求是有一个逻辑上自洽的法律规则体系。前后矛盾的规则会导致行为人无所适从，陷入行为与不行为、禁止与允许的逻辑上的永误境地。同时，矛盾的规则会造成群体间实质利益的冲突与对抗。不同的利益群体往往会根据自身利益来解读法律规则，从而采取行动。以矛盾的法律规则作为行为依据时，就会造成行为分歧与对抗，长期的分歧与对抗会危及整个法律体系对社会行动的调整和社会秩序的形成。

第二个层次是体系融贯。所有法律规则必然以规则体系的方式予以呈现，那么，法律规则之间需要彼此借鉴印证从而使整个体系具有更多的融贯性。这意味着所有规则都必须放在法律体系中予以理解。法律规则无论如何精确都是社会规则的抽象，而规则间的相互印证与支撑使这种抽象有了共同的标准，依据这种标准能够更好结合事实适用规则。体系的融贯性，一方面，要求部门法内的法律规则之间建立起积极的联系，在此，法律解释学有重要作用，通过法律规则的适用和体系化的解释，将各个法律规则黏合在一起。[①] 另一方面，体系的融贯性要求部门法之间、部门法与宪法之间也应建立起宏观层面上的积极关联，这往往意味着要依据宪法规范推论出部门法法律基础——目的、原则、效力来源等。

第三个层次是理念融贯。第一个层次与第二个层次的融贯性要求，都是法律体系内部的要求，因此属于法律内部形式上的融贯性。理念的融贯性要求指向法律系统外部超越法律的理念，从法律内部规则的关联性来看

① 雷磊：《融贯性与法律体系的建构——兼论当代中国法律体系的融贯化》，《法学家》2012 年第 2 期。

难以得到证实。理念融贯强调的是法律与法律外部因素之间应当相互支撑与关联，这与卢曼关于法律系统间相互作用的理论有相似的理解。卢曼强调法律系统认识的开放在于诸多子系统相互共同作用的领域，这一领域可以理解为第三个层次理念融贯。强调法律所体现的价值追求应当与法律所共生的社会政治、经济、道德、宗教、文化背景有一致性。一旦上述背景发生变化，即便法律没有发生变化，法律的适用效果也会产生变化。① 因此，法律的背后仍站立着政治与道德理念，只不过卢曼解释了这些外部因素是如何通过法律系统的认知转化为法律系统的结构和运行的。这种外部因素很大程度上，在法律目的这一结构上直接体现出来，意味着理念融贯可以转化为法律体系内部"一致性"与"体系融贯"。

三 从系统到要素：法律要素的系统功能

通过对卢曼的系统论和实证分析法学要素与融贯性理论的梳理，基本可以看出卢曼所强调的法律系统的内部结构在传统实证分析法学的内部视角上的对应性。认为法律各个要素在系统的定位与融贯性要求存在某种契合，这种契合恰好说明了法律要素在法律系统中所发挥的作用。如图 2-1 所示。

（一）法律目的——实现系统间交流与理念的融贯

依照卢曼的法律系统论，法律系统的社会效果的发挥与其所欲实现的社会调整功能，需要与法律系统的外部环境，即其他社会子系统，形成交流。卢曼将其形象地比喻为系统间的共振，当系统间共振达到一致时，环境的外部压力才能够为法律系统所识别和认知。系统外部各个系统交流形成的交集决定了社会整体环境需要、价值需要，并通过法律予以实现，同时通过与法律系统的共振决定了哪些价值能够被法律系统所识别并进入法律系统之中。这一认识实际上与立法过程中法律目的的创制阶段相重合。在立法中，首先要确认法律的目的为何，突出表现为在立法阶段相关利益主体为争取自身利益最大化而进行的利益博弈，博弈的最终结果实际上是对利益的确认，而法律目的则是对这一利益确认结果的法律表达。

而具体到法律内部来看，卢曼所强调系统间交流所形成的价值追求就

---

① 雷磊：《融贯性与法律体系的建构——兼论当代中国法律体系的融贯化》，《法学家》2012 年第 2 期。

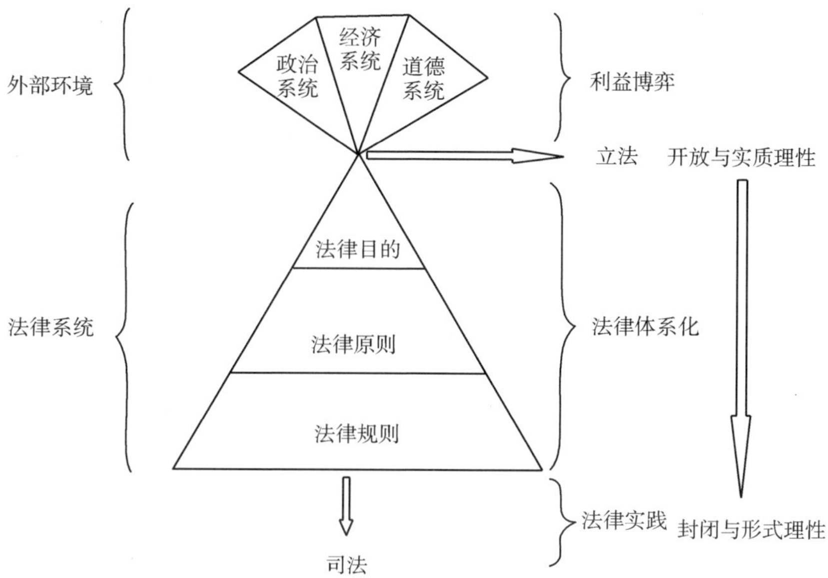

图 2-1　法律要素的系统功能

可以理解为融贯性理论中的第三个层次的融贯——理念融贯。法律目的是否正当难以从法律体系内部得到证立，它需要法律背后的政治理念、道德理念等为其支撑。如果法律所追求的价值目的——法律目的不能与整个社会背景形成融贯，那么有理由质疑其属于“恶法”。因为法律目的非正当将导致整个法律系统所推导出的法律规则与社会生活、社会基本秩序背离，导致法不仅不能消除社会间的矛盾与冲突，更有可能加剧社会的动荡。这也是抛开实质理性的概念法学被现代法学所抛弃的根本原因。

综合法律系统论与法律融贯性理论，法律目的在整个法律系统中属于法律形式理性与实质理性的交汇点，同时是法律系统与外部环境的交叉点。正如卢曼认为，立法属于法律系统中的边缘部分一样，法律目的属于立法过程中社会利益博弈最为充分的交叉地带，同时其作为整个法律系统的顶点，对原则、具体的法律规则形成价值与逻辑牵引。所有法律规则均为法律目的服务，从这个意义上理解，尽管规则是封闭与静态的，但由于其是服务于法律目的这一实质理性代表，法律系统使形式理性与实质理性得到了统一。

（二）法律原则——实现系统认知的开放性与体系的融贯

在法律系统论中，系统需要保持认知的开放性，使系统成为活的系统，才能在社会外部环境中发挥作用。而实现系统认知的关键性结构就是系统中的“纲要”（程式）。纲要关系到如何分配合法/不合法的价值，以及这种分配是否正确。通过在系统论中对纲要进行阐释，可以在法律内部要素中找到其对应的结构，即法律原则。从实证分析法学的角度理解，法律的内容抽象且概括，难以直接通过实质内容对法律规则形成牵引，必须通过法律原则对法律目的的价值追求和实现方式予以具体化。法律原则的存在就是为了落实法律目的、指导法律规则。从这个角度来看，法律原则是法律规则的内在标准，同时也是若干法律规则所共同指向的价值追求，成为联系目的与规则的纽带。经典法律规范理论，将法律原则视为高度抽象的法律规则，在具体的案件情境下结合法律规则就是对法律原则内容的实现。

从法律融贯性的角度理解，法律原则的功能在于实现第二个层次的融贯性要求，即体系的融贯。通过法律原则将所有法律规则以体系化方式连接在一起，法律规则虽不会明确提出原则的内容，但它们彼此之间共同追求的价值间接体现了原则的内容。而这种规则与原则之间的相互印证关系往往需要法学家通过教义学分析予以揭示。以保护优先原则为例，保护优先原则体现了环境法律目的中“保护公众健康”的价值追求和工具理性，为了实现“保护公众健康”，必须在特定区域确定环境保护优先于环境开发利用的价值。这一价值判断具有可操作性，是具体化的。通过法学家的解释，可以理解保护优先原则是对“生态红线”相关法律规则的指引。“生态红线”法律规则即对保护优先原则的落实，可以在司法、执法中予以适用。同时，随着未来“生态红线”适用范围的扩大和相关立法的完善，若干法律规则间形成的共同价值追求依然指向保护优先原则，同时可能会对“保护优先”原则内涵空间进行扩大。这种法律规则间的相互关系事实上就是通过法律原则予以实现的。

综上所述，法律原则将法律目的具体化，并对规则形成价值牵引，使法律规则最终彼此间相互关联，进而促进了法律的体系化。通过法律原则实现了系统认知的开放性与运作上的封闭性。

（三）法律规则——实现系统结构的封闭性与逻辑的一致

法律的融贯性第一个层次要求法律规则间形式逻辑应当保持一致，其指向了法律规则间的关系，其实现所依赖的是规则内容上的一致性。融贯性的一致性要求仅通过法律规则的内容即可以实现。在这里，融贯性理论作为一种要素间关系理论，并不能很好地解释静态法律规则在整个法律系统中的功能，尤其是法律规则行为模式——法律后果的结构在法律系统中发挥的关键性作用。

而法律系统论较好地阐释了法律规则的功能。在法律系统论中，系统封闭性与系统运作上的自我指涉依赖于法律的封闭结构。卢曼在著述中将法律的结构同等于法律规则本身。法律规则是法律系统结构的最基本组成部分，其行为模式与法律后果的构成，实现了法律系统的预期功能。其保证了司法判决的一致性，能够保证法律通过司法对外部环境产生作用时不需要依赖法律系统之外的要素，仅仅是通过明确的法律规则即可进行裁判。法律规则维持了整个法律系统本身及其运作上封闭性，是法律系统区分于其他社会子系统的关键性结构，其排除了道德、政治、宗教等外部的干预，保证了系统结构的封闭性，使法律系统内部运作上实现自我指涉成为可能。

因此，就法律规则而言，法律规则的内容实现了规则间形式逻辑一致性要求，而法律规范的结构则实现了法律系统结构的封闭，使系统内部运作上的自我指涉成为可能。

第四节 环境法的形式理性要求

从韦伯到卢曼的叙事中，我们不难发现，法律的形式理性在外部强调法律系统的相对自治、法律形式结构的稳定、法律社会功能的特定化，强调法律与政治、宗教、道德等其他社会规范有限度的交流与沟通。而通过实证分析法学的内部视角观察，法律的形式理性强调法律规则的确定性及法律的融贯性。通过对上述法律要素与系统结构的认识，法律目的实现了价值由外部到系统内部的转化，通过法律原则价值牵引引导法律规则的形成，进而通过法律规则的封闭运行，实现了法律系统运作的自我指涉，最终实现法律的形式理性与实质理性统一。就像富勒的法律道德性中有关法律内在道德与外在道德一致一般，实质理性与形式理性并非如韦伯认识的截然割裂、非此即彼，而是相互交融、相互印证。可以说，形式理性是实质理性的载体与保障，实质理性是形式理性的目的与归宿，两者是统一的。仅有躯壳的法律会沦为暴力统治的工具，意味着法律有效性的丧失；凯尔森所描述“法律革命”到来，同样，仅有灵魂的法律会使系统消融在环境之中，意味着法律退化为政治、宗教、道德等其他社会规范，回到初民社会的法律状态。结合前述理论，法律的形式理性对环境法提出如下要求：

一 环境法律目的形式正当性要求

卢曼的法律系统论通过外部视角揭示了符合理性的法律形式与法律自治之间的密切关系，法律系统之所以能够从社会系统中分化出来，就在于法律功能与结构的特定性。法律的形式理性决定了法律只能是自治的，具备形式理性的法才能从诸多其他子系统中脱离出来。但是，法律又不完全脱离系统之外的社会环境，其价值追求必须与整个社会背景相融合，这就是法律系统与整个社会背景在理念上的融贯，而体现这一融贯性的关键就是法律目的。欲实现法律整体在理念上的融贯，法律目的必须与社会的整体价值诉求和社会秩序基础保持一致，必须与宪法的价值追求保持一致，否则基于这一目的构建的法律整体也会因为目的理性缺陷，而失去对社会秩序的规范作用，从而沦为恶法。上述对法律目的的要求就是法律目的正当性要求。所谓正当性，是指说明法律必须得到遵守的理由。如果法律所确定的目的没有被社会成员所接受，而脱离于现实世界，那么法律就不可能被遵守。法律作为当代社会控制的工具，主要依赖于社会成员的自觉遵守，遵守的理由并非法律背后的制裁力量，而是其得到了社会成员的认同。法律只有在获得正当性的依据之后，才能得到大多数人在价值观上和行动上的认可与支持。而法律正当性的核心就是法律目的的正当性。①

依照前述形式理性理论，法律目的的正当性包括两个方面：一是法律目的的实质正当性，二是法律目的的形式正当性。法律目的的实质正当性是指法律目的的实质内容和价值追求应当与整个社会背景的价值追求和秩序基础保持融贯。例如，1989 年《环境保护法》所确立的二元立法目的与当时的整个以经济建设为中心的社会背景是相一致的，如果确立极端环境保护目的排斥经济发展，那么必然导致法律整体正当性的缺失，环境法也不会被普遍遵守。这种法律目的的实质正当性涉及整体社会的价值需求，直接指向法律的实质理性，属于目的的实质内容。在此，本书并不多做阐释。而目的的形式正当性，则是承载实质正当性的外部表现。形式正

① 胡静：《环境法的正当性与制度选择》，知识产权出版社 2009 年版，第 2—3 页。

当性可以理解为合法性及符合法律体系化的目的解释。目的的形式正当性包括两个方面的要求：一是法律目的应当与宪法规范保持一致，目的的内容及其解释不应超出宪法规范的范围。一国宪法规定了国家的最根本价值追求和秩序，基于宪法的最高效力，法律目的，尤其是法律目的的解释不应当超越宪法规范，应尽量以宪法规范为依据进行解释。二是法律目的解释应当以法律内部法律规则、法律原则的供给为依据。在立法目的条款中的法律目的往往是抽象的，需要通过法律解释来理解法律目的的真实含义。一旦形成法律文本及配套的法律规则，法律目的的解释就不应再诉诸法律系统外部的客观价值需求，而应以法律规则为依据。因为，法律系统外部价值追求并非全部都能够被法律系统所调整，只有那些被法律系统认知、被法律规则所体现的价值才是真正的法律目的。这是从规则到目的的反向推理解释。

事实上，法律目的的形式正当性与目的的实质正当性是统一的。因为，宪法规范本身就已经体现了法律的正当性要求，如果宪法规范没有正当性，则意味着以宪法规范为依据而建立的法律整体的正当性缺失，那就意味着凯尔森所描述的宪法革命的到来也毫无秩序可言了。同时，法律目的本身就蕴含在法律规则之中，如果法律目的不能被法律规则所体现，那么法律目的也就无法通过法律规则予以实现，目的也就不再是法律的目的，而成为一种空洞的宣誓。法律目的仍然是法律的要素，尽管它体现了法律系统外部的价值追求，一旦成为法律的目的，那么其必然受到法律形式的限制。这就要求通过法律识别何种外部价值能够被法律调整成为法律目的的内容，其重要依据就是法律目的的内容与宪法规范、法律规则保持一致，通过宪法规范和全部的法律规则能够解释确定法律目的的内容。因此，从这个意义上讲，法律目的的形式正当性与实质正当性是统一的。

二　环境法律原则的规范性要求

法律原则的功能在于对法律目的实质价值内容的具体化和工具化，这些价值贯彻到具体的法律规则中，加强规则间的关联性，从而实现法律系统认知开发与结构封闭的统一，增强法律内部规则间、要素间（目的与规则）的融贯性。法律原则这一功能的发挥实际上要依赖于整个法律体系对法律原则规范性的承认。所谓原则规范性，是指“原则何以成为法律”“原则对法律规则、司法裁判的指引和拘束的规范效力如何”。[①] 具体到环境法领域，就是环境法原则是否具有法律规范性，抑或它只是环境法学理论和环境法律文件中的华丽装饰品和徒有法律外衣的政治宣言。[②]

对于法律原则的规范性，在传统民法、刑法、行政法中是不言自明的公理。从我国的司法裁判和对法律原则的法学阐释中可以看出，传统民法、刑法、行政法的原则在司法中作为裁判依据多有运用，而且对于法律原则与法律体系、原则与目的、原则与规则之间的关系的教义学解释也十分充分，应当说，原则的规范性在传统法领域是确定的。因为这类法律领域本身体系化程度高，其原则的产生也是源于漫长的立法经验与司法裁判的总结。法律原则为司法解释和法律推理提供出发点和价值、方法导向，避免司法解释和法律推理的恣意和无序。同时，当法律规则出现漏洞或空白时，通过适当的程序和合理的解释，法律原则可以作为弥补法律规则不足的法律依据。

然而，这一认识具体到环境法领域则存在较大问题：一方面，环境法发展时间较短，在 2014 年《环境保护法》修订实施之前，并没有法定的环境法原则。关于环境法的理解更多是一种理论上的探讨，不同学者之间对原则类型与内涵争议颇多，并没有形成一种关于环境法律原则的学理共识，原则与目的、原则与规则之间的关系探讨缺乏基础支撑，更难以对法律规则、司法裁判形成拘束力。另一方面，环境司法发展不足，导致运用环境原则进行司法裁判的案例较少，无法通过案例解释原则的拘束力，更难以明确原则对司法证立中的规范作用。上述两点决定了，较之传统法律领域，环境法原则的规范性并不显现。

但是，环境法原则规范性不突出、不显现并不意味着法律原则没有规范性。从应然层面来讲，法律系统内部不可能出现与认知、结构、运行毫无关系的法律要素，如果法律原则规范性缺失，那么原则本身就沦为政治宣誓而指向了系统外部，这是不符合法律的形式理性要求的。从实然层面来讲，2014 年《环境保护法》已经通过实定法的方式规定了四项环境法律原则，那么上述原则就应当成为规则、目的的连接点，服务于法律的体系化，同时，通过连接功能，其对立法、行政、司法具有现实的拘束力。

① 杨建：《法律原则的规范性研究》，《北方法学》2011 年第 5 期。

② 柯坚：《环境法原则之思考——比较法视野下的共通性、差异性及其规范性建构》，《中山大学学报》（社会科学版）2011 年第 3 期。

否则，实定法规定的原则就会落空，原则条款就成为纯粹的政策陈述，将有损整个环境法的权威性和强制性。因此，环境法律原则的规范性是法律形式理性对法律原则的最基本要求。

三　环境法律规则的确定性要求

法律的形式理性决定了法律是自洽的，这种自洽是由法律的内部结构决定的。形式理性的法律要求法律的结构相对封闭，其结构的运作仅指向法律的内部，依据与法律的创建均在法律系统内部产生。否则系统就会与环境消融为一体，法律的自洽也就无从谈起。因此，有关法律内在结构的形式理性就可理解为对法律规则的要求——法律规则的确定性要求。所谓确定性，指法律规则能够为人们的行动提供一个相对明确与肯定的结论并得出一个明确答案的功能。确定性强调规则自身的含义及从规则推导出的行动结论的确定。[①] 法律规则形式上的确定性包括三个层面的要求：概念与术语的确定性、规则结构的完整性和规则内容的确定性。

首先，环境法律概念与术语的确定性。环境法律规则当然由概念组成。因此，规则的确定性首先就表现为所使用概念和术语的确定性。概念的确定性不仅标志着一个学科成熟的程度，也决定了对外界事物认识的确定，决定了规则的准确程度。[②] 在德国法学家齐佩利乌斯看来，“法律中的概念应和词语予以区分，语词是表达一定观念内容的符号，而概念则是一个语词所蕴含的观念内容，法律解释的主要任务就是在法律语词的‘涵义空间’内，正确地界定语词中的概念”[③]。法律概念存在两个具体的面向，作为社会沟通的词语面向和作为法律规则组成部分的规范性面向。前者服务于公众能够理解法律之含义而不至于脱离社会生活的语境，后者服务于规则体系中的内部运作，强调纯粹的法技术运用。法律概念的精确性也因此指向了语义的精确——词语上意涵空间，以及体系上的精确——规则体系中意涵空间。这类似于德沃金对法律确定性的理解，凭借法律规则与法外因素的双重作用，法官在司法审判中总能够做出正确判决。[④] 具

① 岳彩申：《论经济法的形式理性》，博士学位论文，西南政法大学，2003 年，第 146—149 页。

② 岳彩申：《论经济法的形式理性》，博士学位论文，西南政法大学，2003 年，第 146—149 页。

③ ［德］齐佩利乌斯：《法学方法论》，金振豹译，法律出版社 2009 年版，第 29—30 页。

④ 张玉洁：《法律不确定性命题的司法检视》，《法律科学》2015 年第 3 期。

有确定性的环境法律规范必然是专业化与概念化的，涉及大量的法律概念诸如法律责任、权利、义务等。同时，由于对环境法客体的认识与描述具有相当的科学技术性，因此，环境立法中还存在大量的科学概念，如污染、大气、生态补偿等。但上述科学术语的运用并非直接是相关学科术语的翻版，而需要在法律体系内部进行语义的转化，因为科学术语往往是描述一种客观物质或现象，而法律术语不同，其往往带有价值判断，主观性更强。因此，语言交流过程中“达意”的要求仅仅是环境法概念与术语精确性的最基本要求，概念更进一步的要求是要符合某种价值判断，即“法律目的”的要求。

其次，环境法律规则结构的完整性。法律规则——义务性与赋权性法律规则——构成了法律系统中最基本的结构单位，也是法律对外部环境产生影响的最终依据。这类法律规则结构即行为模式+法律后果，能够使行为人清楚地预测其行为及潜在的法律评价。行为模式与法律后果内容尽管千变万化，但这一结构始终稳定不变，为法律系统所特有，意味着法律独有的规范性。法律目的、法律原则尽管不具备这种结构，但其最终仍然能够通过义务性与赋权性法律规则产生作用。法律的形式理性要求法律规则的结构必须是完整的。如果仅有法律后果，而无行为模式，则法律规则没有任何意义；仅有行为模式而缺少法律后果，那么这类规则就与那些政治口号、道德宣传无异。环境法之所以缺少刚性的一个重要原因，就在于规则结构的完整性不足。很多环境法律规则仅规定了行为模式，而缺少法律后果，导致法律的政策化倾向严重，法律适用困难。

最后，环境法律规则内容的确定性。除用词与结构之外，法律规则的内容也有形式上的要求，即内容的确定性要求。法律规则内容的确定性，是指法律规则的内容应明确而具体，便于法律规则的适用，而不至于产生对规则内容的理解偏差。强制性是法律规则的一个基本特点，尤其对义务性法律规范内容有严格的限制。因此，对义务性法律规则有着更为严格的确定性要求。例如，如果甲没有履行义务 A，则机关乙有义务对甲适用制裁 F。按照规则确定性要求，规则的内容即各个变量（行为人甲、义务 A、机关乙、制裁 F）都必须从严解释。凡是涉及对公民权利义务运用强制力量的限制，都需要以最严格的阐释方式予以适用。义务性使法律规则更可能对社会成员的正当权利造成侵犯，因此，阐释中的确定性保障法律规则强制性具有充分的合法性基础，避免法律规则走向相反的基本要求。

环境法中存在大量的行政义务性规则，规则内容的确定性要求，必须对行政义务的适用条件、行政主体、行政相对人、责任承担方式、责任内容予以明确，否则任何一个变量的过度模糊都可能导致环境行政权力的滥用。除此之外，赋权性法律规则内容也应当有确定性的要求。环境法领域中伴随大量的行政授权条款，此类条款往往都意味着对公民自由的约束，从这个角度来看，类似于义务性规则的适格要求。必须对授权的主体、授权的内容、授权的条件予以明确规定。正如原田尚彦所述，在法治国家，行政机关运用公权力限制国民权利，或者命令其承担义务时，必须依照法律（或条例）的明确规定进行。无论在公益上有多么强烈的实施管制的必要，都不允许行政机关在没有法律根据的情况下擅自行使公权力限制国民的自由和财产，或者违反法律规定的要件向国民科以义务。① 此类规则内容适格的要求不仅仅是法律形式理性的外在要求，亦是当今法治国家的内在要求。对于公民权利的赋权性条款来说，亦受到规则内容确定性要求的限制。赋权性法律规则体现了法律规则在社会现实秩序中的实践基础，其规范性的实现需要依靠法官与行政官员的裁判，并化约为具体义务。过度宽泛的赋权极易导致司法裁判的不能，当权利司法不能时权利本身也极易受到侵害，这就印证了“权利的边界就是对权利本身的保护”这一法律公理。因此，赋权性规则的主体、权利内容、行使条件本身也应当明确而具体。

① ［日］原田尚彦：《环境法》，于敏译，法律出版社1999年版，第170—171页。

第三章

形式理性检视下的中国环境法

第二章我们讨论了什么是形式理性的法，并从外部视角与内部视角分别给出了法律形式理性对环境法的要求，即环境法律自治与功能的特定、结构的封闭与规范的确定性、认知的开放与体系的融贯性三个层次的要求。但环境问题的急迫性决定了环境法治不是由下而上自发产生的，而是由上至下的国家理性建构的。中国环境法治无论在立法、司法、执法各个维度上均是一个自上而下的推动过程。应急性立法，加之环境问题的复杂性以及时下中国环境法治的特殊性，决定了这种国家法治建构理性是有限的，其更加关注和追求实质问题的解决，而相对弱化形式理性的追求。但事实上，经济、政治转型背景下的法治，代表实质理性的价值共识本身就难以达成，而且形式理性本身就是实质理性的载体与保障，形式理性的缺陷必然会在法治的实质理性层面有所反映，并最终造成实质理性达成的不能。从形式理性的角度来看，中国环境法面临以下问题。

第一节　环境法律规则的确定性问题

一　法律概念的科学化与政策化

法律形式理性要求概念与术语的精确性，这一要求不仅反映了一个学科的成熟程度，还关系着法律规则的确定性。确定性的环境法律规则必然是专业化与术语化的。对于成长中的环境法来说，较之其他传统法律学科而言，更大程度上面临概念的确定性问题。一方面原因在于，环境立法必须涉及对环境、污染等科学术语的借鉴与转译。环境法需要借鉴社会生活中被公众所熟知的或者在科学、经济学、管理学中已经清楚界定的概念术语，以求法律的“达意”。为便于表达与沟通，创设一个新的概念或者术语，其交流与接收成本明显高于借鉴已有的概念术语。但所借鉴的术语并不能直接满足环境法律的需要，对某一概念术语需要经过法律体系的转译，即重新确定概念术语的外延与内容，这一任务往往交由说明性法律规范进行。另一方面原因在于，环境问题相对于传统社会问题具有突发性，因此，环境立法表现出一定的应急性。那么，较之立法的滞后性，环境问题一般先由政策实践，通过政策的有效性与实践性检验过后，进而通过政策的法律化使政策转化为立法。在这一过程中也伴随着术语借鉴与转译需要。目前环境法律中借鉴了大量科学与政策词汇，但并未有效通过说明性规范予以转译，致使在环境立法中，表现出用语的科学化与政治化问题，并不符合法律形式理性的要求。

以环境法中“环境”的概念为例，2014 年《环境保护法》第 2 条为“环境”概念的说明性规范：“本法所称环境，是指影响人类生存和发展的各种天然的和经过人工改造的自然因素的总体，包括大气、水、海洋、土地、矿藏、森林、草原、湿地、野生生物、自然遗迹、人文遗迹、自然保护区、风景名胜区、城市和乡村等。”这一定义较好地说明了环境的客观实在是什么，可以说是一种科学上的定义，但对于指导环境法学者、法律职业者和公众认识环境法律所应当保护的环境以及通过环境法律所期望实现的环境保护效果却助益不大。较之 1989 年《环境保护法》，2014 年《环境保护法》在环境概念中增加了湿地。不难想象，随着要素立法的迅猛发展，环境定义中要素会越来越多，以后还可能包括太空、深海等，这一“环境”的整体性概念被碎片化，难以真正融入法律体系。[①]

再如，2016 年修正的《固体废物污染环境防治法》中有关固体废物的术语，第 88 条第 1 项对“固体废物”进行了说明：“固体废物，是指在生产、生活和其他活动中产生的丧失原有利用价值或者虽未丧失利用价值但被抛弃或者放弃的固态、半固态和置于容器中的气态的物品、物质以及法律、行政法规规定纳入固体废物管理的物品、物质。”这一定义与环境科学中有关固体废物的定义并无二致。德国《促进物质循环与废物处置法案》中对“固体废弃物”的定义是“为实现本法之目的，废物指所有附录 1 中所规定动产，以及所有权者处置、期望处置或必须处置的财产；废物的回收是指废物的循环再利用，那些不可循环废物是需要处置的

① 舒旻：《概念的确定性、环境法律的实效与学术研究取向——环境法学研究推动中国环境法治进程的现象折射》，《研究生法学》2009 年第 3 期。

废物”。比较上述定义，不难发现，我国法律中的定义突出强调了“固体”这一修饰词，这是典型的科学上的定义，并不包含价值判断。而德国法律中的定义则强调“价值”这一修饰词，将固体废物定性为动产，并通过法案中附录 1 的列举和处置、回收修饰将固体废物区别于传统民法上的动产，更多地体现了法律系统对“废物”这一概念的认识，将这一概念置于整个法律体系中去理解，即体现了卢曼所强调的自指涉，具有更强的融贯性。相比之德国的概念，我国有关“固废”的定义则是一种科学化的定义，缺少法学转化。科学化的术语与说明性规范能够阐释清楚所表述的客观实在，但如果没有法学的转译，其所表达的内容不够精确，并不符合法律形式理性所要求的法律系统结构上的封闭性要求。

环境法概念不够精确的另一个原因是概念的政策化倾向，即直接使用政治共识或政策术语作为法律术语，缺少对术语的精准定义与法律转译。这类术语往往缺少说明性规范的解释，似乎是不言自明的概念。例如在很多地方环境立法原则条款中出现了例如“政府主导、因地制宜、市场调整”类似的词，对于该类词语的使用并不规范。此类政策术语有着较为宽泛的内涵，存在高度共识，其正当性不容置疑。但宽泛的内涵也意味着具体定义及价值诉求的多元，几乎包罗万象。大量的政策术语涌入法律体系导致许多条款、概念并未予以清晰解读并做法学体系化的理解。政策术语作为一种价值共识并不意味着将其作为法律术语就存在形式上的正当性，也不意味着立法缺少这种价值共识，法律就缺少实质上的理性。从系统论的角度来看，政治系统有其特有权利/非权力结构，这一结构决定了政治体系的功能在于价值共识的形成，为实现这一功能，政治术语的内涵与外延是宽泛与灵活的。因此，在借鉴政策语言中就需要法律转译，那么说明性规范就会发挥重要的作用。例如，“可持续发展”一词，瑞典《环境法典》通过说明性条款，对其内涵进行了缩限性的说明。但遗憾的是，我国环境立法中说明性规范一般仅应用于科学或技术性概念，并未普遍应用于对政策或者通识性概念的说明。

二　法律规则的结构问题

法律规则的内容千变万化，而规则的结构不会发生改变。标准的法律规则结构即“行为模式+法律后果”。尽管法律体系之中有些规则并不具备这种结构，如法律目的、法律原则，但它们效力的发挥却最终依赖于具有标准结构的法律规则。如果仅有法律后果，而无行为模式，则法律规则没有任何意义；仅有行为模式而缺少法律后果，那么这类规则就与那些政治口号、道德宣传无异。具有标准结构的法律规则构成了环境立法确定性产生的基本面。法律规范的特殊结构决定了法律的封闭性及功能的实现。尽管存在一些非标准的规范，发挥着体系逻辑联接与融贯的作用，但法律体系中最主要、对现实生活发挥稳定规范性预期功能的只能是具有完整结构的标准法律规范。

长期以来，环境法“不管用”、没有“牙齿”为环境法理论界和实务界所诟病。从法律的形式理性角度看是法律规范结构不完整而导致的法律规范性缺失问题。这往往是由于政策法律过程中，政策规范的机械转化导致的。政策规则没有严格的结构形式，结构较为松散和灵活，多表现为“软法规范”。所谓软法，是“指那些效力结构未必完整、无须依靠国家强制保障实施、但能够产生社会实效的法律规范”①。软法规则在环境法中多为“指导性、号召性、激励性、宣示性等非强制性规范”②。在政策法律化的过程中，这种规则并不能直接运用，而是需要转化为法律中的赋权性规范、义务性规范。如果缺少这一转译过程，在立法中就可能表现为一些空洞的口号式规范，因缺少封闭的规范结构而不能发挥规范性预期的功能，即“不管用”。在环境法领域中，法律规范结构不完整情况突出表现为倡导性规则向义务性规范转化中的结构缺失以及义务性规范法律后果的缺失。

环境法中软法很多。以2020年修订的《固体废物污染环境防治法》为例，第3条、第6条、第7条、第19条、第84条以“鼓励”“倡导”“推广”为核心谓语，第27条、第28条、第29条以“推广”为核心谓语，等等，共计20条，约占《固体废物污染环境防治法》全部条文的15.8%。上述规则并没有严格的结构形式，结构松散灵活，是倡导性政策规则的法律化。软法规则在环境法中的广泛存在并不意味着软法规则在现实生活中的有效实施。以《固体废物污染环境防治法》第100条“国家鼓励单位和个人购买、使用综合利用产品和可重复使用产品”为例。从

---

① 罗豪才、宋功德：《认真对待软法——公域软法的一般理论及其中国实践》，《中国法学》2006年第2期。

② 罗豪才、宋功德：《软法亦法：公共治理呼唤软法之治》，法律出版社2009年版，第28页。

“单位和个人”角度来看，鼓励意味着可选择，可为亦可不为。有所为则会具有相应的激励，可能是头衔上的、物质上的，亦可能是道德上的。从“国家”的角度来看，鼓励意味着国家需要保证“鼓励”氛围的存在从而使“单位和个人”的所为能有所“回报”。而这种“鼓励”氛围并不会自动产生，而是需要国家采用包括舆论宣传、奖励制度等在内的各类措施来帮助实现。这就包含对国家的义务性规定，即采取一系列营造“鼓励氛围”行政措施的义务，这属于行政职责的范畴。任何行政措施，即便是鼓励性的行政措施，都意味着国家的财政支出与权力运作，必然伴随法律义务性规范的制约。单一的软法规则并不能保证行政行为或财政支出朝着合目的性方向发展。

再如，《水法》中有关节约用水的规定，第 52 条规定“加强城市污水集中处理，鼓励使用再生水，提高污水再生利用率”。该条规定由于缺少具体的行为模式与法律后果，并不能直接构成一个标准的规范，只能作为一种功能性规范为下位立法提供规范性的衔接。但事实上，有关节水下位法暂无规定，导致该条无法有效执行，不能发挥规范性预期的稳定功能。倡导性规则是对公众行为的鼓励，从公众的角度来看是可选择的方式。但是对于行政主体而言，则是一种严格地采取对公众鼓励等一系列行政措施义务的规定，应当是一种行政义务性规范。因为，任何行政措施包括鼓励性行政措施均意味着国家财政的支出与权力的运作，必然伴随义务性规范的制约，单纯的口号性宣誓不能保证行政行为或财政支出朝着立法目的的方向发展。对行政主体的“加强污水集中处理，鼓励使用再生水”应细化为行为模式，并附加相应的法律后果。这种法律后果并非在本条款中，而是在整个法律体系中存在，原因在于行政主体的法律后果是复杂的，可以是行政不作为、行政处分等消极后果，也可能是奖励、晋升等积极后果。如此，才能实现从政治鼓励性规则向法律义务性规范的转变。

另外，在环保立法中还存在义务性规范法律后果缺失的情况。例如，《水法》第 51 条第 1 款关于工业节水规定：“工业用水应当采取先进技术、工艺和设备，增加循环用水次数，提高水的重复利用率。”该条为义务法律规范设定了一个行为模式，但综观《水法》及相关下位法，始终无法找到与之配套的法律后果。实际上，《水法》第 51 条仅规定了行为模式，法律后果缺失。而该条之规定又不具备非标准法律规范所具备之功能，这就导致该条法律规范的强制性缺失，不利于发挥法律的权威性与法律的实施。

三　法律规则内容的确定性问题

上述两个层面的问题主要是形式层面上的问题，法律规范内容确定性不足更侧重实质方面的问题。法律规范除了术语用词的精确性要求、结构的完整性要求，还包括内容的确定性要求。实证分析法学家冯·赖特认为，规范的内容包括适用主体、规范特征、内容、适用条件、场合和制裁，通过权威机关发布的规范应当明确其内容，才能实现规范指引的必然要求。[①] 在环境法中，大量法律规范属于公法性质的规范，公法上的法律保留及依法行政原则对法律规范的明确性提出了更高的要求。环境管理作为一种公共服务或者公共利益的再分配，必然伴随公权力的授权与运作。因此在环境法领域，一方面突出表现为环境行政权的积极扩张；另一方面表现为通过明确、确定、可预测的法律框架约束行政权力的行使，保障权力运行符合法律授权的目的，防止权力的懈怠或滥用，也即赋权性法律规范与义务性法律规范两个方面。

从赋权性法律规范来看，我国环境立法中赋权性法律规范比较原则和概括，并不能满足赋权性规范的明确性要求，主要体现为授权内容过于宽泛。以2014年发布的《大气污染防治法（修订草案）》第45条[②]为例，该条属于授权性法律规范，其规定："省、自治区、直辖市人民政府根据本行政区域大气污染防治的需要和机动车排放污染状况，可以规定限制、禁止机动车通行的类型、排放控制区域和时间，并向社会公告。"该条为授予地方政府在特定条件下限制机动车通行的条款，或将成为机动车限行常态化的法律依据。依据冯·赖特的规范要素分析，"主体"是"省、自治区、直辖市人民政府"；"特征"是"可以"；"内容"是"规定限制、禁止机动车通行的类型、排放控制区域和时间，并向社会公告"；"条件"是"行政区域大气污染防治的需要和机动车排放污染状况"；"场合"是"地方行政区域"。该规范中"内容""条件"存在一定的变量，其他要素变量相对较少，可以说是适格的。正因为存在变量，学者对该条规范中"内容""条件"的争议比较大。原因在于内容中规定限制、禁止机动车

① 朱继萍：《法律规范的意义、结构及表达——一种实证的分析理论》，《法律科学》2007年第4期。

② 《大气污染防治法（修订草案）》第45条当时引起了法学界的普遍反对，草案二审后予以修改，但草案中第45条较好地说明了法律规则确定性不足而导致的相关问题。

通行的类型、排放控制区域和时间，看似明确，实际上在现实中存在对公民财产权造成侵害的可能。机动车禁限措施包括常态限制与临时限制、每周一次限行与单双号限制，根据对财产权限制的程度，应由不同的法律进行规定。相对于单双号常态限制已经属于行政征收的范围，属于法律保留的范围应当由国家法律进行规定，而不应当交由地方政府通过地方立法进行规定。地方立法仅限于临时性、限制程度较低的每周一次限行限制措施。因此，从这个意义上讲，《大气污染防治法（修订草案）》第 45 条虽然在用语上是明确的，但是，其实质内容是不适格的、不明确的，违反了公法法律保留原则。类似规范内容不适格的情况在环境法领域中还有很多，主要有两方面的原因：一是倡导性规则转化为授权性规范过程中，规范结构不完整而导致的确定性不足；二是考虑部门执法的专业性，赋予环境行政部门自由裁量权过度而导致的确定性不足。

一些环境义务性法律规范同样存在确定性不足的问题。仍以节水相关立法为例，《水法》第 50 条规定："各级人民政府应当推行节水灌溉方式和节水技术，对农业蓄水、输水工程采取必要的防渗漏措施，提高农业用水效率。"实际上，除《水法》第 50 条、第 52 条规定外，我国再无相关立法是关于农业节水技术推行的。那么，该条就成为构成农业节水法律规范的唯一法条。"应当"一词表明本条属于义务性规范，规范的内容包括两个方面：一是推行节水灌溉方式和节水技术；二是对农业蓄水、输水工程采取必要的防渗漏措施。从语义的角度理解，第二部分内容可以说是较为明确的，即采取必要的防渗漏措施。而第一部分内容"推行节水灌溉方式和节水技术"，实际上较为模糊，规范内容的核心在于"推行"，而非节水灌溉方式和节水技术。从实践来看，推行节水技术的措施非常庞杂，包括资优惠政策、财政税收政策、信贷优惠政策、政府采购政策等。这里仅用"推行"一词涵盖如此丰富的内容，不符合公法的基本确定性要求。此类义务性规范内容不适格的情况在环境立法中很常见，一些谓语动词后缺少宾语，反而直接增加状语表示谓语动词的目的，例如"鼓励""推行"。还有些不确定的修饰词修饰宾语，也容易导致规范内容的不适格，如"因地制宜""必要"等。

第二节　环境法的融贯性问题

"法是人的行为的一种秩序。一种'秩序'是许多规则的一个体系。

法并不是像有时所说的一个规则，它是具有那种我们理解为体系的统一性的一系列规则。”[①] 换言之，法律体系就是一个由法律规范构成的体系。环境法律体系亦是如此，若干效力不同的法律规范共同组成了环境法律制度，如节水“三同时”法律制度、水量控制法律制度。环境法律制度又进一步相互联系、共同作用，形成了调整某一特定领域的单行法，如《水污染防治法》《水法》等；各个单行法相互关联形成了广义上的环境法，又由《环境保护法》协调各个单行法之间的相互关系。环境法律规范之间不是毫无关系的，而是存在形式上与实质上的关联，即我们所说的法律体系融贯性的三层要求。由于环境立法的应急性与法律修改的相对滞后，环境法律规范存在逻辑不一致与体系融贯性不足的问题。

一　法律规则的一致性问题

逻辑一致性是法律体系融贯性的最低要求。不一致的规范会造成群体行动者之间的冲突与对抗。环境法规范间逻辑不一致的现象并不常见，但存在法律规范实质层面上逻辑间接不一致的情况。仍以 2014 年《大气污染防治法（修订草案）》第 45 条为例，学界普遍认为 2014 年《大气污染防治法（修订草案）》第 45 条的授权过于宽泛，且违背法律保留原则，所以 2015 年《大气污染防治法》修订时删除了草案第 45 条。但学界忽视了该条与其他机动车污染防治法律规范间逻辑关系不一致的问题。《大气污染防治法（修订草案）》第 37 条、第 39 条、第 44 条已经规定了公民有关机动车的达标排放义务、定期检测义务、不达标强制报废义务。上述条款形成了一个关于机动车排污管理的基本立法逻辑，即公民机动车的“排放许可”制度，达到排放标准即可使用，若需减少排污总量，逻辑上应提高排放标准，减少单体机动车的排污量，而非在维持排放标准不变的情况下，减少机动车的使用。因此，草案第 45 条通过常态化机动车限行以保护大气环境的逻辑与其他机动车排污管理规范的立法逻辑并不一致。如此将导致机动车污染防治中的选择性执法，机动车限行或者提高排放标准。通过这种规范间的逻辑关系，亦可得出结论，即第 45 条应当删除。

再如，《水法》第 34 条第 2 款规定：“在江河、湖泊新建、改建或者

① 钱大军、卢学英：《论法律体系理论在我国立法中的应用》，《吉林大学社会科学学报》2010 年第 4 期。

扩大排污口，应当经过有管辖权的水行政主管部门或者流域管理机构同意，由环境保护行政主管部门负责对该建设项目的环境影响报告书进行审批。”可以理解“同意”与“环评”之间是一种并行关系。而《入河排污口监督管理办法》第6条第1款则规定：“设置入河排污口的单位（下称排污单位），应当在向环境保护行政主管部门报送建设项目环境影响报告书（表）之前，向有管辖权的县级以上地方人民政府水行政主管部门或者流域管理机构提出入河排污口设置申请。”该条规定了“同意”是“环评”的前置程序。无论两者之间实际操作中的先后顺序，仅从规范所确定的“同意”与“环评”顺序的逻辑上，存在不一致。这种逻辑不一致的情况导致了部门间在适用法律过程的选择性与倾向性，可能造成部门间有关入河排污口监管的冲突。

二 法律规则间相互支持存在不足

环境法律制度是一系列调整某一特定领域法律规范组成的规范群。通常情况下，各个法律制度间并不会存在太多的交集，其主要是实质层面理念上的一致性。但环境领域法律制度较为特殊，环境管理对象的关联性和管理对象的复杂性决定了一些环境法律制度间需要相当的相互支持。例如，水排污许可与取水许可制度间，看似毫无关系，但取水行为与排污行为通过水体的流动性关联在一起，因此，上述两个制度必然存在牵连关系，从而决定环境法律制度需要保持一定的相互支持。而环境法律领域内制度间逻辑不一致的情况比较常见，最为典型的即《水污染防治法》所确定的“重点水污染物排放总量控制制度”与《水法》所确定的“水功能区纳污总量控制制度”之间的相互支持不足。

重点水污染物排放总量控制制度与水功能区纳污总量控制制度均是对水体内污染物总量的控制制度，从水体保护、水污染防治的角度来看，两者必然存在关联性。《水污染防治法》规定的总量控制制度是依据国家划定的重点水污染物削减总量，并逐渐分解落实到排污单位，而《水法》确定的水功能区纳污总量控制制度是依据国务院或省市级政府制定的重点水污染物削减总量。水功能区划决定了水体的使用方式并进一步确定了不同用途下水域的纳污负荷——纳污总量，总量控制均应在纳污总量之下，否则必然导致水域功能的退化。实际上，《水污染防治法》与《水法》所确立的污染物总量控制制度，在污染物的种类、适用范围、实施方式等方面不尽相同，也很难从立法中得出各级政府所划定的水污染物削减总量与水功能区划确定的纳污控制总量有任何关联性。从应然角度来看，两者应当共同服务于水污染防治与水体保护，形成制度合力，从法律的形式理性的角度来看，两者应当是相互支持与融贯的。而现实的立法却反映出这两个制度虽然对同一微观领域进行了规定，却存在两套无关联的制度，这就会导致“法律的阅读者”难以产生对水体污染总量控制的规范性预期，依照《水法》得出一种结论，而依照《水污染防治法》会得出另一种结论。这种制度间相互支持的不足，反映在执法当中就演变成为部门间执法的“部门本位主义”。

三　法律原则解释力相对薄弱

在 2014 年《环境保护法》修订发布之前，我国环境实定法中并未确认环境法律原则。从严格意义上讲，我国环境法基本原则并不完全是依据我国的环境法律文本归纳和推导出来的。一方面是来源于我国生态环境保护的政策实践，另一方面是比较和借鉴国际环境法、外国环境法的理论和实践成果的产物。① 由于缺乏实定法的支撑，我国环境法律原则的解释侧重于环境法律原则的正当性研究，内容包括环境法律原则的意义与功用、环境法律原则内容与范围等。在解释的过程中，习惯于从法律实质需求，或者从法律外部的社会价值需求出发，援引国际法或域外立法文件，推导我国环境法原则的内容与意涵。这种解释方式似有不妥。因为其并未依据我国环境法体系的内部规范，而是诉诸我国规范体系之外，所推导出的法律原则不能与体系内的规范形成积极关联。在所推导出的原则与实定法规范发生冲突时，往往建议修改规范以适应原则的意涵。法律原则作为抽象的规范虽对标准规范具有指导意义，但其本身也来源于规范群所反映的共性特征，如果割裂两者之间的融贯性关系，强制规范服从于体现法律体系外部价值的所谓“法律原则”，那么这类“法律原则”必然“缺乏法律拘束力和司法适用功能”。②

2014 年《环境保护法》在实定法层面确认了保护优先、预防为主、

---

① 柯坚：《环境法原则之思考——比较法视野下的共通性、差异性及其规范性建构》，《中山大学学报》（社会科学版）2011 年第 3 期。

② 柯坚：《环境法原则之思考——比较法视野下的共通性、差异性及其规范性建构》，《中山大学学报》（社会科学版）2011 年第 3 期。

综合治理、公众参与、损害担责原则。但由于我国对原则的实定法规定采用的是“明确概况罗列”的描述方式，赋予了相关法律原则较大的解释空间。从环境法学界关于原则的学理讨论来看，目前学界尚未对环境法的基本原则的意涵空间达成准确的共识。例如，对《环境保护法》第一原则“保护优先”原则的理解存在分歧。有学者将其解释为风险预防原则①，亦有学者解释为“环境保护行为优先于环境开发利用行为”②。究其原因依然是环境法体系内部法律规范供给不足，对原则与法律规则之间缺少关联性解释而导致法律原则解释任意化。除保护优先原则外，预防为主、综合治理、损害担责原则均在学术界存在不同理解。在理论共识尚在形成阶段，原则的司法适用受到消极影响。通过环境法裁判文书的释法说理状况可略窥一二。在不少裁判文书中援引环境法原则的条款并未对原则的内容进行明确，其援引主要理据并非在于原则内容对规则的具体价值指引或拘束效力，而是更倾向于通过原则强化判决本身对环境利益保护的正当性。因此，我们应当高度重视的环境法原则对于环境法体系的牵引与指导作用，而应将其置于整个环境法律体系中解释，使之与环境法律目的、环境法律规范形成具有法律效力的关联性。

四　法律目的体系解释的不足

为了使法学摆脱了概念法学僵化封闭的教条，而成为面向实践实用之科学。法理学中，法律目的将法律体系区分为内部体系（原则的体系）与外部体系（概念的体系）。③ 这正是本书所一再强调的形式理性法所应具备的封闭性与开放性。整个环境法律规范均服务于实定法所确定的立法目的，立法目的是司法裁判中目的解释的唯一依据。虽然法律目的在整个法律体系中处于绝对的支配地位，但是，法律目的需要通过法律形式予以表达，必然受这种法律形式上的限制。这种限制一方面来源于宪法规范的效力依据性限制，环境法律之目的必须能够通过宪法规范推导出来，法律目的的效力来源于宪法规范同时受到宪法规范的制约。另一方面来源于服务于目的的法律规范，包括抽象法

① 竺效：《论中国环境法基本原则的立法发展与再发展》，《华东政法大学学报》2014 年第 3 期。

② 王伟：《保护优先原则：一个亟待厘清的概念》，《法学杂志》2015 年第 12 期。

③ 雷磊：《法教义学的基本立场》，《中外法学》2015 年第 1 期。

律规范——原则与标准法律规范。立法目的不可设定法律规范无法实现之内容，否则目的就游离在整个法律体系之外，难以真正通过法律规范予以实现。上述两种形式限制决定了法律目的的解释除了需要兼顾社会价值需求——体系外部需求，还需要尊重法律规范体系的可能性——体系内部需求。

与环境法原则解释类似，我国学界对于环境法目的的解释也存在过度涉及社会需求，而忽视法律体系内规范性需求的问题，对环境法目的的解释往往转变为环境保护必要性问题和环境保护可能性问题的讨论。例如，长期以来所争论的环境保护立法目的一元论与二元论的问题，学界主流观点援引环境质量退化、生存权堪忧、域外立法经验等反对二元论的立法目的，而很少思考如何真正通过法律解释实现实定法所确定的二元立法目的。这种“目的解释”不仅无益于澄清环境法目的之内涵，而且有可能损害制定法的权威。立法目的的实质内容是社会相关利益各方博弈的结果，并非社会现实需求的必然反映，这一点在共识匮乏的环境法领域更为突出。较之利益的博弈阶段，法学人更应当关注的是实定法中立法目的对法律原则的法律拘束力与法律规范的价值导向，通过对目的的解释使规范中模糊的空间具体化，让整个法律体系更加融贯，并最终通过法律的适用实现法律的目的，即使目的可能是不完美的，甚至并未充分反映出社会的现实需求。然而，就研究现状而言，学界对此关注不够。环境法目的体系解释不足还体现在污染防治、自然资源保护等单行立法之中。现行单行法均包含立法目的条款，但单行法确立之法律目的并未真正体现单行法领域规范的共性和价值追求，反而成为《环境保护法》目的的复刻。以上位法为依据，并非单纯形式上的照搬，而应当是实质内容上与上位法的目的保持一致，并能对单行法体系内全部规范提供价值牵引。如果不能形成目的解释与规范间的关联，那么单行法中的目的条款也无必要存在，直接援引《环境保护法》目的条款即可。

我国环境法治正处于“有法可依”向“法律的社会控制”迈进的过程之中，其中的重要举措就是党的十八届四中全会所提出的“科学立法”“提高立法质量”。法律融贯性实际上就是对法律“质”上的要求，要求立法及法律解释必须坚守法律运作上的自我指涉，从规范中观察和解释立法，同时通过立法反馈规范。只有如此，才能真正使环境法具有法律效力，有所谓的“铜牙铁齿”。

第三节　形式理性不足对环境法治的影响

法律形式理性上的缺陷必然造成法律形式所承载的实质理性的减损，逻辑、概念与体系的形式缺陷会加剧法律适用的难度，让环境执法、环境司法、环境守法等操作层面上的问题此起彼伏。目前环境法形式理性缺失所导致的实质理性问题主要反映在以下几个方面：

一　形式理性不足对环境法学的影响

拉德布鲁赫所言，法学是“所处理的是法秩序而不是法生活，是法规范而不是法事实”。显然，当前环境法学所呈现的实质化趋势与拉氏的判断相矛盾。在传统法哲学“非此即彼”的单一视角下，环境法学充分无法解释法律规范性坚守与法律社会外部效果之间的互动关系，以至于在认识论层面陷入结果主义的困境。环境法律在整个系统中发挥为环境社会行为提供规范性预期的稳定功能，为多系统的耦合创造可能性。从这角度看，现代环境问题的产生是系统间耦合不足的产物，而非单一经济、政治或科技系统的结果。同时，环境法律虽以解决环境问题为目标，但也是仅仅承担了部分功能，并不必然带来环境问题的最终解决。这就有如遵守交通规则并不必然导致交通顺畅一般，交通顺畅与否还取决于道路宽阔与否、机动车数量与红绿灯设置是否科学。

因此，环境法学研究的实质化趋势并非仅是单纯的法学流派或价值选择问题，而是将与法律并不直接相关的社会功能交由法律系统承担。而这必然导致法律人以及整个社会对法律实施效果的过高期待。因此，就雾霾治理而言，在政治系统尚不关注、环保投入尚未充分、雾霾形成机制尚不明确、能源结构并未发生根本变化的前提下，很难期待城市雾霾实现根本性解决。而这也是为何不少国家的环境立法常会对法律系统之外的经济、科技、政治条件有系统规定。例如法国《环境法典》第 101 · 1 条[①]就对预防为主原则在“在费用可接受范围内”予以限制，美国《清洁水法对

---

① 法国《环境法典》第 101 · 1 条：“不允许以缺乏足够的科学技术知识因而无把握为借口延误时机，在费用可接受的范围内，不对可能造成环境重大损失的、无法避免的可预见灾害及时采取适当的防治措施。”

水法》实施成本—效益分析[①]予以强调等。当环境法学过度关注环境保护实际效果，并以环境质量作为衡量环境法治的唯一标准时，将不可避免地忽视环境法律的形式合理性，损害法律的权威。一旦因为法律的外部条件支撑不足，而导致环境保护目标无法实现时，公众迁怒的是环境法律正当性与有效性，认为环境法律无用，进而损害法律的权威，陷入法律的虚无主义。有研究显示，在珠江流域即便所有企业排污符合排污标准与总量控制，仍会导致区域水质的下降。原因在于珠江流域水文环境不利于污染物扩散反而形成污染物的叠荡效应，致使科学、精确核算流域污染物总量困难无比。[②] 显然，从系统论的角度，法秩序在行为领域，在企业守法与责任追究之中已经实现。而环境问题并不能简单归责于执法不严或者立法不科学，从某种意义上说，有时环境问题本身就是一个纯粹的科学问题。当然，这并非意味着环境法律置环境质量于不顾，纯粹堕入概念法学的“天国”之中。需要强调的是，法律需要与其他子系统协同配合，方能实现可持续发展。

一方面，系统功能理论解释了环境法学不是什么，或者说环境法律不应直接以环境保护的结果为导向，从而为环境法学的法学属性回归提供了理论基础。另一方面，法律系统功能需要回应的是环境法学如何间接作用于环境保护，回答环境法学是什么的问题。如前文所述，环境法律功能在于规范性预期的稳定，通过预期实现在环境保护领域多系统同频共振。这一观点实际上直接阐明了环境法学与环境保护的间接关系，环境法学应以规范性预期的稳定为中心，间接作用于环境保护，应当以法律规范性及法律时空上的一致性为研究中心。这是环境法学区别于环境管理学、经济学、政治学、环境科学最核心的特质，同时也是现代学科分化下的专业性体现。这一认识决定了环境法学的成果并非直接面向环境保护，而应面向公众行为引导与价值型塑，应面向法律适用中的司法证立与形式法治下的权力控制。环境法学的研究应确保环境法律规范确定性，使行为人能够有清晰、可预测的行为预期；同时确保这种预期的时空上的一致性，不同法官、不同时空条件下同类案件处理标准的一致性。如此，环境法学旨在形成一种现代高度分化社会背景下的形式化正义，而将环境保护等实质正义

---

① Chapman G，“From toilet to tap：the growing use of reclaimed water and the legal system's response”，*Arizona Law Review*，vol. 47，2005，p. 774-804.

② 牛娜：《加强地方入河排污口监督管理的思考与建议》，《中国水利》2018 年第 9 期。

交由诸系统予以耦合，从而实现环境法学专业化与功能化。反过来说，环境法律系统的正义也无法调整和控制法律之外的环境，不能要求政治统治者保持政策连续性，不能统一经济参与者的交易价格，更不能强迫人们信奉同一套伦理学说。①

环境法学的减负实际上承认了法律作用的有限性。根本原因在于即便在科学明确、经济有效、政治关注的前提下，对于环境保护的诸系统关照并不必然能够在法律系统中有所体现，而是受到民主制度与利益博弈的再次检视。客观需求与客观需求的满足被民主立法与利益博弈隔离开来。唯有通过立法的民主与利益博弈成为法律本身，或者经由法官充分论证并被普遍接受的解释才能够真正进入法律内部，并作为环境法学的研究质料。

二 形式理性不足对环境行政的影响

自 19 世纪行政公法诞生以来，公法发挥了制约行政权力、保证权力合目的运作的功能。法律既赋予了权力来源的正当性，同时又将权力运作严格限制在法律的框架内，其具体表现为："法律明确规定方可为之"；行政权力必须依据法律的授权；权力的运作必须严格依据公法规定程序；权力滥用必然导致依法追究相应的法律责任。但这并不意味着权力无任何自由的空间，行政主体具有自由裁量权，在法律框架内行政权力的运作相对独立，这一自主空间排除立法权与司法权的干预，司法仅能做形式上的审查。因此，法律并不会对行政权力进行实质层面上限制，而是在形式上提供行政权力运作的框架。环境问题的公共性决定了需要国家权力运作以解决市场失灵的问题。环境法就必然需要对环境行政权提供权力运作的框架，因此，环境立法中存在环境行政授权性规范与环境行政义务性规范。② 在环境立法内容外观上就表现为各类环境管理手段的授权，从事前预防到事后监督，即环境行政权的扩张。但是，我国环境法在形式理性方面存在一定的缺陷，致使环境法为行政权力运行所提供的法律框架也存在相应的缺陷。尤其是行政主体授权性规范的内容确定性不足、法律规范结构完整性不足。这些形式理性上的缺陷必然在实质理性层面有所反映，对

① 陆宇峰：《自创生系统论法学：一种理解现代法律的新思路》，《政法论坛》2014 年第 4 期。

② 当规范的主体为行政主体时，授权性规范与义务性规范存在一致性，即环境行政职责与环境行政职权的统一。从这个角度来看，即使是环境行政主体的授权性规范，同样属于必为性规范，不可放弃权利，必须通过公权力运行保证所授权内容的实现。

于环境行政权力而言即表现为环境行政权恣意与怠慢的可能性。

国家法律层面授权性规范的确定性不足意味着将“一揽子”行政管理权限赋予行政主体，赋权的内容可能超越立法者的本意。赋权内容一般由下位法予以细化并使之成为具体的环境法律规范，在这一过程当中仅需行政立法即可完成。但在行政法规、部门规章等下位立法对授权内容细化的过程中，由于缺少上位法授权性规范具体的内容上限制，加之部门利益的限制或部门视野局限，则有可能导致行政权内容逐渐偏离法律授权目的本身。一旦下位法制定并颁布实施，法律制度形成，即使法律制度立法目的本身可能已经偏离国家立法者本意，但是，从法律的形式审查上是难以发现下位法与国家法律层面的具体冲突的。结果往往就是立法屈从于现实行政权非理性扩张，即通过修改立法满足已有的下位法律制度体系，实际上这一过程完全违背了上位法优于下位法、法律保留原则等基本法治精神。举一个典型的例子以说明上述行政权非理性扩张的过程，1988 年我国颁布实施《河道管理条例》，第一次规定了水利部门管理入河排污口，其目的主要是出于河道管理和防洪安全的需要。[①] 1996 年修订的《水污染防治法》第三章“水污染防治的监督管理”第 13 条第 2 款规定：“建设项目的环境影响报告书，必须对建设项目可能产生的水污染和对生态环境的影响作出评价，规定防治的措施，按照规定的程序报经有关部门审查批准。在运河、渠道、水库等水利工程内设置排污口，应当经过有关水利工程管理部门同意。”此时，对排污口监管的目标已经发生改变的可能，因为 1996 年《水污染防治法》是在水污染防治监督管理章节中做出的规定，并且前款规定为环境影响评价内容，那么后款入河排污口内容就可能与之相关，存在转向污染控制的可能性。2002 年《水法》与 2008 年《水污染防治法》均继承了这一规定方式，即在水污染防治章节下与排污口的环境影响评价相联系。如此规定就存在一个问题，无论现行《水法》还是《水污染防治法》均未明确水利部门“同意”审批的具体依据是什么，是依据河道管理、防洪安全的需求还是根据污染物的控制，还是两者兼具。这就是授权规范确定性不足的形式缺陷。在具体的下位法细化过程中，水利部门 2004 年将《水法》有关入河排污口监管的规定作为授权依据发布实施了《入河排污口监督管理办法》，将污染控制作为入河排污口

① 《河道管理条例》第 34 条规定：“向河道、湖泊排污的排污口的设置和扩大，排污单位在向环境保护部门申报之前，应当征得河道主管机关的同意。”

监管的目标，建立起一系列的排污口监管法律制度。如此必然导致在污染控制领域与环保部门职权交叉及环境影响评价制度的衔接问题，同时《入河排污口监督管理办法》是部门规章，不能约束环保部门，而在环保部门主导的污染控制领域缺少环保部门的配合，入河排污口的管理寸步难行。现实中，入河排污口监督管理制度的运行情况并不理想，根本原因在于这种部门的不理性行政扩张并未真正得到法律的保障，部门合作关系成为支配制度实施效果的决定性因素。在当前中央简政放权和环保责任压力增加的宏观政策背景下，部门主动扩张行政权可能性不大，但这并不意味着权力不需要法律框架的拘束。政策是相对灵活的，政策改变相对不确定，而法律不仅对行政权力进行拘束，同时还为行政权力提供了法律的正当性、有效性支撑。

法律形式理性缺陷对行政权力运行的另一个消极影响是选择性行政。首先，环境法规范间的不一致造成了行政执法选择的可能性。不一致的法律规范适用可能导致不一致（广义）的社会效果，甚至背道而驰，不同的社会效果意味着实质利益上分配的不同，利益群体往往会根据自身的利益需求选择对自己有利的规范。其次，环境法规范的不确定性进一步加深了选择性执法法律形式上的正当性。“一揽子”行政授权意味着行政主体可以在上位法空间内自由制定或选择符合部门利益的规范。最后，环境法规范的不完整性使行政主体的选择性执法免于法律责任的追究。环境法律规范的不完整性往往表现为法律后果的缺失，法律后果的缺失则意味着行政主体即使违背权力创设之目的，结果也是环境责任追究的不能。选择性行政是法律形式理性诸多缺陷共同作用的结果，在实践中具体表现为行政主体对税费、行政许可等“收益型”行政权的过度追求，而对行政责任追究、监督检查、信息公开、协商合作等“负担型”行政权的消极怠慢。行政责任追究、监督检查、信息公开、协商合作等行政权在法律中有所体现就意味着上述行政权（职责）属于法律所保障的底线型职责，不应由行政主体自由选择或怠慢。选择性环境行政是我国行政权力运作实践中长期的弊病，我国目前的解决之道在于通过严格的政策约束方式保证环境行政的合目的性，如绩效考核、环保约谈、环保问责等。这类问题由环境法律上的形式理性缺陷而形成，只能由法律本身的完善予以解决，政治解决不是长期稳定的方式。而且，越来越多的政策解决方式进入立法领域，若不能从法律本身提高立法质量，则会发生更多的、新的选择性行政问题。

三　形式理性不足对环境司法的影响

高质量的立法是司法公正的前提和基础。但目前环境立法对司法的保障有限，司法中所遇到的“瓶颈”很多源于立法的不足，法官“无法可依”的情况俯拾皆是。实体法没有为司法提供良好的使用条件，环境司法功能不足，立法难辞其咎。① 抛开环境诉讼程序法上起诉资格、举证责任分配等纯粹程序上的问题，从实定法的形式的角度来看，法律适用困难的重要原因在于，我国现有环境实定法的融贯性不足，不能为司法裁判提供能够反复实践符合法律目的逻辑的解释路径。这主要反映在以下三个方面：

第一，环境行政赋权性规则之间融贯性不足导致行政诉讼目标偏离。由于赋权性法律规则之间并没有清晰界定出行政主体之间的关系及职权配置的共同目标，导致行政主体的利益机制并不统一，不同行政主体的意志与利益诉求并不相同，特别是地方政府与其所述的环保行政机关之间冲突明显。本应通过赋权性行政规则实现权力目标的一体化与分工的明确化，但是我国赋权性法律规则未充分体现这一要求。地方政府有促进经济发展的职权，具体表现为在其权力范围内可以依据职权对当地企业进行政策支持和对下属行政主管部门进行行政干预。但当企业实施污染与环境破坏时，政府下属的环保部门的职权就会由于赋权性规则融贯性的不足而与政府经济发展职权形成冲突，上级政府往往会依据其职权的优位而直接干预下属环境行政主管部门的执法。污染受害人在提起行政诉讼时，往往针对的是环境保护行政管理部门的行政不作为和行政违法，而环境保护行政决策部门则置身事外。那么现实就是环境行政主管部门往往代为受过。这一问题的最大危害并不在于环境行政管理部门受屈，而是严重弱化了行政诉讼的功能，偏离了行政诉讼维护和监督行政机关依法行使职权的基本目标。②

第二，法律规范结构不完整、内容不确定性不足导致司法裁判过程中对行为价值判断困难，在合法与合理之间很难取舍。环境执法部门在对环境侵害行为进行查处时，就有一个利益衡量的问题，既不能一概予以禁止，又不能放任侵害。这实际上应当是一个立法过程，而非行政自由裁量

① 吕忠梅、张忠民、熊晓青：《中国环境司法现状调查——以千份环境裁判文书为样本》，《法学》2011 年第 4 期。

② 张梓太：《中国环境行政诉讼之困境与对策分析》，《法学评论》2003 年第 5 期。

的过程，对于法与非法不能交由行政部门自由裁量权，否则不利于制约行政权力保障公民权利。但在法律规定不够具体而明确的情况下，某一环境具体行政行为的做出常常要经历一个艰难的选择与判断的过程。环境执法过程如此，环境司法过程同样如此。法院在对具体行政行为审查时同样会遇到价值判断困难问题。根据我国《行政诉讼法》的规定，法院在审理行政案件时，应遵循合法性审查原则，但同时又规定，对行政处罚显失公正的，可以判决变更。而在环境案件中，显失公正的标准是很难把握的。行政机关在做出行政处罚时，价值判断就很困难，法院又如何判断处罚是否公正呢？

第三，法律体系的融贯性不足导致疑难案件证立的困难。对于疑难案件的处理需要依据法律目的和法律原则，适用抽象的法律规范予以解决。这里法律适用的过程不再是简单的标准规范的函摄过程，而是通过对关联标准法律规范抽象出共同的价值与一致性，再结合抽象的法律规范——法律原则，论证判决合法、正当的过程。这一证立过程实际上是法律原则解释与法教义学连接相关规范的过程。但是，由于我国环境法律原则无论在立法上还是在法教义学领域均未受到相应的重视，环境法律原则连接各个法律规范的过程被阻断，而不能真正运用在司法裁判领域，如此必然导致疑难案件法律适用与证立的困难。

第四章

环境法律目的形式正当性的实现

本书第四章、第五章、第六章将依据法的形式理性相关理论，对我国环境法所面临的具体的形式理性方面的问题予以法教义学的解释与法律、制度建构。第四章、第五章、第六章分别着重法律目的、法律原则、法律规则的论述。在这一过程中，法教义学（法释义学或法律论证）发挥了重要的作用。陈金钊教授将法律论证理解为两种：一种是关于法律的论证；另一种是通过法律的论证。前者涉及面很广，如在立法过程中对法律规则的论证、法学研究中关于法律问题的论证、法学教学过程中对有关法律命题的论证及司法过程中关于法律实施判断的论证等；后者是指司法过程中，对作为判决理由的规范命题依据法律所进行的论证，其中所依据的法律又包括法律规则、法律原则、法律价值甚至法学方法等。[①] 本书侧重于前者，法教义学不是单纯司法意义上的法律解释，而是关于法律的论证过程，通过理性与经验将对文本化的法律质料进行解释，明确规范间共同的价值追求与逻辑关系。

以往传统法教义学运用主要在私法和司法领域，公法领域侧重于宪法规范的解释。但囿于我国违宪审查机制的缺失与行政诉讼中司法权与行政权边界的不清，面向司法的公法教义学难以真正发挥作用。加之环境法、经济法、社会福利法等以规范政府公共服务增进公共福利为目的的新兴公法大量出现，呈碎片化的立法亟待通过法教义学进行体系化的整合。同时，伴随政府行政权扩张，零散、不严密的法律体系难以满足行政法框架对行政权力的拘束。因此，在一定程度上，公法法教义学应当由传统司法解释向立法与法律适用（行政、司法）转向，即陈金钊教授所述的“关

---

① 陈金钊：《目的解释方法及其意义》，《法律科学》2002 年第 5 期。

于法律的论证”。

环境法学亦是如此，环境法学40多年的发展，解决了无法可依的问题。但大量立法融贯性、规范性不足，致使环境法法学味道不足，环境法律不管用。吕忠梅教授等学者对我国千份环境司法裁判文书进行梳理得出环境立法对司法供给保障不足的结论，立法质量影响到法律适用正成为现实。① 单纯依靠司法解释解决法律适用问题的效果值得商榷。同时，环境法作为典型的政策型法，实际上已经不同于传统依赖于司法的公法，政府环境行政发挥了越来越重要的作用，法律不仅是拘束权力，保证权力不侵犯公民权利，更担负起保障权力合目的良性运作的任务。面向立法与行政的教义学不是对现实缺陷的妥协，而是包括环境法等新兴法律部门在内的公法形成与运用的客观要求，是党的十八届五中全会所提出“科学立法，提高立法质量”的现实需求。

就本章讨论的法律目的而言，自法学成为系统之科学，法律目的始终是法教义学皇冠上的明珠。法律目的使法学摆脱了概念法学僵化封闭的教条，而成为面向实践实用之科学。概念法学巅峰的代表人物耶林，也是概念法学的终结者、利益法学的开创者，他在《法律中之目的》一书中指出，“目的是整个法律的创造者，没有赋予法条一个目的，也就是赋予其来源一个实践的动机，就没有法条”。“法律只是认识一个来源，那就是目的作为实践之来源。所有法律之泥土上的一切都是被目的所唤醒的，而且是因为某一个目的而存在，整个法律无非就是一个独一的目的创造行为。”② 利益法学将利益衡量引入法学判断之中并将其作为核心，这远远超越了制定法实证主义意义上的“法条主义”。而这一利益衡量的标准之一就是法律之目的，将法律体系区分为内部体系（原则的体系）与外部体系（概念的体系）。目的牵引下的法律原则使法律体系成为开放、灵活的体系，法律体系不再只是个语词系统，而更是一个意义的系统了。③ 这正是本书前三章一再强调的形式理性法所应具备的封闭性与开放性，这种封闭上的开放集中反映在法律目的在增强法律的融贯性中发挥着重要的作用。杨仁寿先生在论及法学方法论时提及，“惟法律是一种理性、客观公

---

① 吕忠梅、张忠民、熊晓青：《中国环境司法现状调查——以千份环境裁判文书为样本》，《法学》2011年第4期。

② 吴从周：《概念法学、利益法学与价值法学：探索一部民法方法论的演变史》，中国法制出版社2011年版，第126页。

③ 雷磊：《法教义学的基本立场》，《中外法学》2015年第1期。

正而合乎目的的规范"，"解释法律必须兼维法律之安定与理想，而后法律的功能始能充分发挥"，"故吾人依据法律文字以逻辑推论的方式阐释法律时，务必顾及一般的妥当性，此种指导理念每每涉及'立法精神'或'立法者之意思'"。[①] 此处"立法精神"或"立法者之意思"就是法律目的的主观表达。因此，对法律目的的解释是规则形式理性标准的位面，同时也是规则体系化——融贯性增强的关键点。关于环境法律目的的讨论，将从我国环境法律实质内容、法律目的规范性解释、符合形式正当性的法律表达三个方面展开。

第一节 环境法律目的的规范语境和规范意义

在展开环境立法目的的讨论前，有必要对法律目的、立法目的、立法目的条款进行一个概念的区分。最宏观、最抽象的是法律目的，法理学通常讨论的即法律目的。不同法学派对法律目的的认识不同，亚里士多德认为法律目的在于维持国家的存在，"良好的法律产生良好的秩序，法律是正义的保证"[②]。近代思想家洛克则认为法律是以公共利益为基础，其目的是保证公共利益如民主、自由、平等等权利的完全实现。[③] 边沁则认为法律目的在于保证最大多数人的最大幸福。新实证分析法学派并不直接承认立法目的的存在，间接认为法律存在法律内部体系的一致性，正如本书第三章有关融贯性的论述，这种逻辑与价值的一致性间接指向了立法目的。实证主义法学侧重于将立法目的形式化为规则间的逻辑关系，即麦考密克所描述"共同的价值"。我们可以看出法律目的包括实质与形式两个重要位面，实质指向法律社会作用与功能，而形式则指向法律规则体系的内在关系。

立法目的较之法律目的则更为具体，是立法主体为自身的需要，针对法律所调整的对象，采取科学的立法方法和立法技术，制定和选择相应的立法方案，事先设定立法所要实现的具体目标。[④] 立法目的体现了立法的基本功能、价值和使命，同时指导法律制定和法律解释的最高精神实质，

① 杨仁寿：《法学方法论》，中国政法大学出版社 1999 年版，第 125—127 页。

② ［古希腊］亚里士多德：《政治学》，吴寿彭译，商务印书馆 1965 年版，第 138 页。

③ 参见严存生《西方法律思想史》，中国法制出版社 2012 年版，第 162 页。

④ 陈雪平：《立法价值研究——以精益学理论为视阈》，中国社会科学出版社 2009 年版，第 71 页。

先有立法目的再有法律规范的形成。[①] 立法目的是特定法律目的的具体化，具体到某一部门法领域时，部门法的法律目的一般表现为该部门法中基本法的立法目的；而具体到某一单行法时，单行法的法律目的则表现为单行法的立法目的。在部门法领域，一般用立法目的代替法律目的。

而立法目的条款则是立法目的的文本表达，立法目的条款是立法目的的形式，立法目的是立法目的条款的内容。并非所有法律均有立法目的条款，但从现代法学理念来看，所有法律均有立法目的。有些不包含立法目的条款的法律，要从法律规范的内容中、从立法者的意思表述中、从司法裁判者的证立中总结立法的真正目的。即使存在立法目的条款，由于立法目的条款中语言、词义的模糊性与历史性，真正立法目的的获得也得结合立法目的条款的字面含义与法律规范体系的内容、立法信息、司法案例通盘考察。

具体到环境法这一部门来看，立法目的可以直接等同于环境法的法律目的，通过基本法及单行法中目的条款可以帮助我们获知真实的立法目的。环境法作为典型的政策法，各国均在法律中明确通过立法目的条款彰显环境法的立法目的。这一立法目的并非仅仅是环境政策正当性的宣誓，而是规范间融贯性的标准，同时具有形式上的拘束效力。

一 我国环境法律目的的历史考察

我国《环境保护法（试行）》于 1979 年制定，经 1989 年修订后一直沿用至 2014 年再次修订。1979 年《环境保护法（试行）》第 1 条规定："根据中华人民共和国宪法第十一条关于'国家保护环境和自然资源，防治污染和其他公害'的规定，制定本法。"第 2 条规定："中华人民共和国环境保护法的任务，是保证在社会主义现代化建设中，合理地利用自然环境，防治环境污染和生态破坏，为人民造成清洁适宜的生活和劳动环境，保护人民健康，促进经济发展。"金瑞林先生就 1979 年《环境保护法（试行）》立法目的进行了法学解释，他认为环境法的立法目的包括 3 个方面的内容：合理地利用自然资源，防治环境污染和破坏；保障人民健康；协调环境与经济的关系，促进经济的稳定健康增长。[②] 并明确提出，环境立法目的的二元论，主张环境法的两个最终目的是：保护人体

① 李挚萍：《环境基本法立法目的探究》，《中山大学学报》（社会科学版）2008 年第 6 期。
② 金瑞林：《环境法的适用范围、目的与作用》，《环境保护》1982 年第 2 期。

健康；保障经济的可持续发展。

1989 年《环境保护法》第 1 条规定：“为保护和改善生活环境和生态环境，防治污染和其他公害，保障人体健康，促进社会主义现代化建设的发展，制定本法。”环境法学界通说认为，1989 年环境法立法目的同样保持了环境立法目的的二元格局，包括三方面的内容：直接目的——保护和改善生活环境和生态环境，防治污染和其他公害；根本任务——保护人体健康；促进社会主义现代化建设的发展是其出发点和归宿。[①] 但 1989 年《环境保护法》立法目的条款较之 1979 年存在诸多用语与表述的不同。首先，删除了“合理地利用自然环境”，弱化了对自然资源的管理立法目的的宣誓。这一立法上改变，后来被环境法学界所诟病原因在于，学界普遍认为《环境保护法》的定位应是环境保护与资源管理领域的基本法。立法目的应包括对自然资源的合理利用。但从 1989 年《环境保护法》的规则内容来看，虽涉及自然资源管理但仅局限于环保目的，并不包括自然资源的开发效率与经济效益的考量。同时，环境污染与破坏行为的规则逻辑和资源经济行为的规则逻辑存在较大不同，难以统合在同一部法律之中，兼顾必然导致立法逻辑的混乱。自然资源经济效益的管理当属于经济法调整的范围。其次，将“防治环境污染和生态破坏，为人民造成清洁适宜的生活和劳动环境”修改为“为保护和改善生活环境和生态环境，防治污染和其他公害”。实际上这一修改是将 1979 年《环境保护法（试行）》立法目的条款的第 1 条与第 2 条内容合并，将环境区分为生活环境和生态环境。这一修改更加明确了《环境保护法》的调整范围，之前“清洁适宜的生活和劳动环境”过于狭窄，不利于自然环境保护。但不足的是，1989 年《环境保护法》立法目的虽将环境分为生活环境和生态环境，但第 2 条有关“环境”的说明性条款却并未依据这一划分对环境进行明确定义，使生活环境与生态环境的划分在法律规范层面并未产生实质上的法律作用。最后，将“促进经济发展”修改为“促进社会主义现代化建设的发展”。这一转变实际上在环境法律层面弱化了自改革开放以来“以经济建设为中心”国家政策。但此时的 1989 年《环境保护法》立法目的并未明确“可持续发展”或“协调发展”理念。这与 20 世纪 80 年代中国经济发展及社会调整的重心不无关系，在环境问题没有集

① 高利红、周勇飞：《环境法的精神之维——兼评我国新环境保护法之立法目的》，《郑州大学学报》（哲学社会科学版）2015 年第 11 期。

中爆发和公众环保意识尚未普遍觉醒背景下，立法者当然需要坚持国家“以经济为中心”的基本国策。经济与环保均是具有正当性的诉求，“促进社会主义现代化建设的发展”实际上约束了环保立法与环保行政自由裁量权的空间，这与预防原则、公众参与原则、损害补偿原则的效力密切关联。

2014 年修订的《环境保护法》第 1 条规定：“为保护和改善环境，防治污染和其他公害，保障公众健康，推进生态文明建设，促进经济社会可持续发展，制定本法。”较之 1989 年《环境保护法》亦存在三处重点修改：首先，删去了生活环境与生态环境的区分，统一为环境。从环境单行法和行政法规的调整范围来看，我国在立法层面并未明确区分生活环境与生态环境，且生活环境与生态环境是否涵盖所有“环境”有待仔细斟酌。“生态环境”并非一个严谨的社会学概念，而是生态学概念，此概念若进入立法领域必须结合相应的说明性条款予以阐明法律含义。因此，2014 年《环境保护法》将“生活环境”“生态环境”修改为环境更为妥当和准确。其次，将“保障人体健康”修改为“保障公众健康”。人体健康主要是从个体健康的角度出发，以医学上的健康标准为衡量尺度。而公众健康是从社会整体的角度出发，它不仅关注社会成员健康，同时关注群体健康。“公众健康”的修改使《环境保护法》的调整范围和调整的利益关系更为精确，明确区分了民法调整的健康侵权与环境法调整的公众健康危害。以雾霾为例，并没有明确的事实证明雾霾与人体被侵害存在因果关系，个体也没有表现明显的被侵害的症状，一般表现为痰多、咳嗽等，但区域内多数人群（公众）均表现此类非明显健康威胁应属于环境法调整的范围和环境立法之目的。最后，2014 年修订的《环境保护法》将“促进社会主义现代化建设事业的发展”修改为“推进生态文明建设，促进经济社会可持续发展”，明确提出“可持续发展”立法理念。这一修改扭转了我国在立法目的领域长期将经济利益与环境利益在文本中对立的境况，使我国的环境立法目的真正与法治国家立法目的接轨。这不仅仅是立法理念上的重大转变，更为提高立法质量、增强法体系的融贯性提供了法律形式上的衔接点。下文将着重论述，此处不再赘述。

二　环境法律目的的结构

自 2000 年以后，1989 年《环境保护法》提上修改日程，环境法学界就始终有修改环境保护法立法目的的讨论。争议主要集中于1979年金瑞林先生关于环境立法目的二元论的法学解释，即“保障人体健康”与“经济环境的可持续发展”并重的二元立法目的。在2015年《环境保护法》实施后仍有学者提出立法目的“促进经济社会可持续发展”不应是《环境保护法》的立法目的，与“保护优先”原则相违背。① 的确，经济发展与环境保护两者完全是两个不同领域的立法逻辑，经济发展之事务环境法难以调整。在全国以“经济建设为中心”的国家政策背景下，兼顾“促进经济发展”的立法目的可能导致行政权力及司法裁判在自由裁量的范围内偏向经济利益诉求，不利于整个环境法律规范体系的建构，这一措词将经济利益与环境利益在环境法领域对立起来。但这并不意味着“可持续发展”不能作为环境法的立法目的，更不意味着环境法的立法目的只能是一元的。从法理的角度来看，即便是看似一元的立法目的措词也包含多元的目的与多层次的目的追求。而且，立法目的多元不仅是环境法立法趋势，而且是世界范围内新兴立法趋势。② 环境法立法目的应是一元还是二元，甚至是多元，并非完全取决于环境法外部立法背景，包括政治、经济、文化诉求等，还应考虑多元立法目的之间是否存在形式上的冲突，考虑保障不同立法目的实现的规范间是否存在形式上的关联性。在结构上，从立法目的条款来看，我国环境法包括多个立法目的：目的一：保护和改善环境，防治污染和其他公害；目的二：保障公众健康；目的三：推进生态文明建设，促进经济社会可持续发展。

“保护和改善环境，防治污染和其他公害”是环境法的直接目的，同时是实现目的二和目的三的手段。同时目的一具体划分了环境立法的调整范围，取消了目的一，就失去了环境法律与其他法律的根本区别与界限。③ “保护和改善环境”从保护对象来规定目的，说明了环境法所保护的利益载体；“防止污染和其他公害”从防治对象来规定目的，说明了环境法所防治的损害形态。④

“保障公众健康”是环境法最主要的目的。环境法产生之初立法目的

① 王伟：《保护优先原则：一个亟待厘清的概念》，《法学杂志》2015年第12期。

② 刘风景：《立法目的条款之法理基础及表述技术》，《法商研究》2013年第3期。

③ 蔡守秋：《析2014年〈环境保护法〉的立法目的》，《中国政法大学学报》2014年第6期。

④ 蔡守秋：《析2014年〈环境保护法〉的立法目的》，《中国政法大学学报》2014年第6期。

即源于对公众健康的保护。以往学者往往注意到公众健康的社会价值追求——环境法的社会目的，但忽视“公众健康保护”的法律形式目的。这一立法目的实际上可关联生存权下的生命健康权，而“保护和改善环境，防治污染和其他公害”“公众”两个限定将环境法所保护的生命健康权与民法、刑法所保护的生命健康权区别开。可以说，各个法律部门从各个方面对生命健康权提供保护。这一认识不仅仅解决了部门法调整的范围问题，同时从权利优位角度为环境法原则、环境法规范、环境法律适用的自由裁量权的拘束方面提供了指引。原因在于在宪法所保护的诸多基本权利中“生命健康权”处于绝对的优先地位，处于利益协调的最顶端，排除其他任何与之相悖之利益诉求。因此，涉及“生命健康权”的规范与法律适用应绝对优先。这一价值诉求能够解释环境法领域中“预防原则”“保护优先原则”指引下的行政权力扩张的正当性，同时拘束行政与司法裁量的范围。

关于“推进生态文明建设，促进经济社会可持续发展”。我国正实现由工业文明向生态文明的伟大跨越。我国生态文明建设包括两个极具中国特色的治理理念。一是“山水林田湖草沙统筹治理”[①]，二是“绿水青山就是金山银山”。前者要求将自然作为一个整体，保护对象和目标应从单一要素扩展到系统整体，以生态系统整体的构成状况、健康程度代替个别资源的产量、质量等单向指标。[②] 后者要求实现生态资源与生产要素之间的良性互动，[③] 通过提升消耗性利用生态环境资源的技术水平，降低消耗利用存量资源对生态流量资源带来的边际成本，同时挖掘更多的非消耗利用生态环境资源的方式，探索更多的生态价值实现形式，发展与“绿水青山”共生共存的内生性产业。[④] 这表明我国的生态文明建设是一种深层次的国家生态环境制度纵深改革，从基于自然资源私有属性的“避害”深化为强调生态环境公共产品“趋利”转向。在目标层面上，生态环境

---

① 汪晓东、刘毅、林小溪：《让绿水青山造福人民泽被子孙——习近平总书记关于生态文明建设重要论述综述》，《人民日报》2021 年 6 月 3 日第 1 版。

② 巩固：《山水林田湖草沙统筹治理的法制需求与法典表达》，《东方法学》2022 年第 1 期。

③ 卢宁：《从“两山理论”到绿色发展：马克思主义生产力理论的创新成果》，《浙江社会科学》2016 年第 1 期。

④ 黄祖辉：《“绿水青山”转换为“金山银山”的机制和路径》，《浙江经济》2017 年第 8 期。

保护不再是人身权、财产权保护的反射利益，而是当代中国人美好生活向往中的独立追求。在手段层面上，生态环境公共产品的供给具有系统性、高效性与协调性。这就要求生态环境保护必须内嵌于经济发展之中，将生态资源与生产要素有机结合，将人民群众的生态需求与生产生活行为有机结合，超越经济与环保对立的“一元论”模式。这必然要求资源、能源综合利用率在生态环境保护制度体系中占据核心地位，将减污减排与资源、能源利用有机集合。

党的二十大报告明确到2035年我国要发展形成绿色生产生活方式，碳排放达峰后稳中有降，生态环境根本好转，基本实现美丽中国目标，具体举措包括加快发展方式的绿色转型，提升生态系统多样性、稳定性、持续性，积极稳妥推进碳达峰、碳中和。生态文明意味着我国环境法治的目标导向已经超越了生态环境“避害”的价值范畴。绿色的生产生活方式、美丽中国目标都意味着生态环境已经作为国家与社会发展需求与公民日常生活需求的独立组成部分，意味着生态文明与物质文明、政治文明、精神文明、社会文明的深度嵌构。显然，资源节约利用、循环利用体系、资源环境要素的市场化体系、绿色消费、绿色低碳生产生活方式、生态产品价值实现机制、新型能源体系等制度体系背后都不具有危险或者风险预防考量，其所代表的价值是一种基于法律的有效性、明确指向未来后果的目的价值。这种目的价值是国家法律对全体国民所做出的规划。即奢侈消费与产业文明走到今天，已步履维艰，为避免西式经济社会发展模式中金融资本主义对社会规律的无序影响，避免市场规律对自然规律的扭曲造成对生态环境的掠夺式开发，避免造成群体财富的两极化，我们需要走一条中国式的现代化道路，依托中国丰富的生态多样性与乡土社会多样性，走绿色发展与共同富裕之路。[①] 在这个意义上，生态环境彻底摆脱了传统价值的附庸地位，而是国家与国民的一种集体价值选择。

可持续发展并非一个新词汇，其在20世纪80年代就已被提出。明确说明“可持续发展”概念的第一个国际政治文件是《世界保护战略》，该战略把“可持续发展”定义为：“在支持的生态系统的承载能力内改善人类的生活质量。”[②] “可持续发展”不仅是“经济发展”向环境保护领域

---

① 温铁军：《中国具备转向生态文明的重要资本》，《农村工作通讯》2017年第21期。

② 蔡守秋：《析2014年〈环境保护法〉的立法目的》，《中国政法大学学报》2014年第6期。

的发展，也是“环境保护”向经济发展领域的发展，与其说“可持续发展”是一个主要承载经济发展的概念，不如说它是一个主要承载环境保护的概念。① 可持续发展与更高层面国家福利密切关系。前述“公众健康”属于一种底线性的绝对保护，有排除其他价值诉求的效力。而此处“可持续发展”所对应的国家福利则不同，是一种在马斯诺需求层次中更高位阶的需求，如符合美学和文化上的优美环境、小康社会等。从利益的角度看，在国家福利的供给中，环境利益与经济利益均是正当利益，取决于不同时空条件下的选择需求，这就与公众参与原则、综合治理原则存在密切的关系。而在这两种利益的衡平过程中，可持续发展为此提供了一种价值牵引以实现利益调节的最佳状态。

综上，我国环境法的立法目的结构为：直接目的+有关生命健康权的保护+有关国家环境福利的供给。“有关”指与“保护和改善环境，防治污染和其他公害”相关，保护和改善环境，防治污染和其他公害促进生命健康权保护，国家环境福利供给。这一认识实际上在多国环境立法中均有体现。通过美国《国家环境政策法》第 4331 条所确定的 6 项立法目的,② 能明显看出基本保障与发展之间的二元目的，“安全、健康”与“富有生命力并符合美学和文化上的优美的环境”，“保护国家历史、文化和自然等方面的重要遗产”与“为每个人提供丰富与多样选择的环境”，“人口与资源的利用达到平衡”与“促使国民享受高度的生活水平和广泛舒适的生活”。③ 这种基本生存保障与国家社会福利供给的二元目的十分突出。这一立法目的解释除了社会现实的意义外，还与环境法的内部规范有密切的关系，即环境法律目的的规范性解释。

---

① 蔡守秋：《析 2014 年〈环境保护法〉的立法目的》，《中国政法大学学报》2014 年第 6 期。

② （1）履行每一代人作为子孙后代的环境保管人的责任；（2）保证为全体国民创造安全、健康、富有生命力并符合美学和文化上的优美的环境；（3）最大限度地合理利用环境，不得使其恶化或者对健康和安全造成危害，或者引起其他不良的和不应有的后果；（4）保护国家历史、文化和自然等方面的重要遗产，并尽可能保持一种能为每个人提供丰富与多样选择的环境；（5）谋求人口与资源的利用达到平衡，促使国民享受高度的生活水平和广泛舒适的生活；（6）提高可更新资源的质量，使易枯竭资源达到最高程度的再循环。

③ 赵国青主编：《外国环境法选编》（第 1 辑），中国政法大学出版社 2000 年版，第 5—6 页。

三　环境法律目的的层次

立法目的必须与一定法律形式相结合才具有现实性。立法者固然可以根据需要选择与目的相适应的形式，但同时也不得不受到被选择对象自身层次的制约。[①] 正如法律目的正当性的划分——实质正当性与形式正当性，我们可以将立法目的分为法律实质目的与法律形式目的，分别对应立法目的的实质层面与形式层面。

环境法律实质目的是立法者订立环境法的最直接意图，期望通过法律的实施所欲达到的外部社会效果。环境法律实质目的的确定是立法过程中各方利益相关者博弈的结果，需要考察政治、经济、道德、社会承受力等各个方面的因素。环境法学界从 2000 年前后开始对 1989 年《环境保护法》立法目的的讨论即在此层面上展开。这不仅仅是法学家的战场，同时也是政治家、经济学家、普通公民参与立法讨论的重要焦点。环境法律实质目的之形成仰赖于社会普遍共识的形成，取决于环境质量状况与政治经济社会生活状况，有历史的必然性。例如，1989 年《环境保护法》所确定的二元目的即当时经济背景下的普遍共识的体现。那么，现行《环境保护法》"保护和改善环境，防治污染和其他公害，保障公众健康，推进生态文明建设，促进经济社会可持续发展"也是对现阶段环境问题频发、公众健康受到威胁、经济结构由粗放纯粹以量上的增长转向质量结合的可持续发展的回应，体现了公众的价值诉求与国家对公民价值诉求的回应。

法律的实质目的是人们根据现实情况产生的主观期待，当立法目的与相关法律形式结合时会受到既有法律规范及法律本身价值追求的限制，那么立法目的就不可能仅仅是人们的主观期待，还必须与其他法律规则密切关联，才能保障立法目的通过法律规范予以实现。因此，法律目的的另一个层次就是法律形式目的。法律目的在体系中不是孤立的宣誓，而与其他法律规范存在价值与逻辑上的关联性，法律形式目的只能通过法学家的法学解释予以呈现，通过教义学解释将法律文本中的目的与其他法律规范连接起来。这时对立法目的的解释需要结合法学内部的概念及逻辑关系，而非法律系统之外的实质内容，即法律的自我指涉。一旦法律实质目的通过

① 黎健飞：《论立法目的》，《中国社会科学院研究生院学报》1992 年第 1 期。

民主程序达成共识性认识，那么就需要用法律的形式予以确定，而这一法律的形式就是法律封闭性的结构。上文对我国《环境保护法》立法目的阐释为“与环境保护、防治污染相关的，生命健康权的保障及国家环境福利的供给”，这里国家环境福利的供给就指向国家弱环境行政给付义务。生命权保障及国家弱环境行政给付义务完全是法律内部而非法律系统外的概念。立法目的通过对二者形式内容的关联，对整个环境法律规范形成拘束与互动。环境法律目的即实质目的与形式目的的统一，本书着重探讨环境法律的形式目的，在环境法规则体系中解释环境法律目的。

第二节　环境法律目的的规范解释

在学术界，关于环境法律目的的法学讨论多集中于价值理念、社会需求，旨在彰显环境立法符合社会功能及公众期待，但这在一定程度上忽视了法律目的作为法律要素本身应当具有的规范性、强制性和体系化的作用。法律目的形式正当性要求法律目的不应指向法律外部的政治、道德、经济、宗教需求，而应当以法律内部的法律规则为分析材料，以实定法中立法目的条款为依据，以引导法律规则和司法适用为目的，去解释法律目的。这一体系化解释的过程，本身就是对抽象条款中法律目的的理清，同时增强了法律内部要素——目的、原则、规则之间的融贯性，进而保证法律目的形式正当性的实现。

一　环境法律目的与宪法规则的关联性解释

体系的融贯性要求各个法律部门与宪法间建立起评价上的积极关联。这不仅仅意味着其他法律部门与制度的规则不能与宪法规则相冲突，也意味着前者在实质评价上与后者保持一致。① 这种关联的形成与立法目的密不可分，只有当环境法立法目的与宪法规则保持一致时，整个环境法体系才能在宪法规则的指引下展开与发挥社会效用。

从法律文本看，在宪法层面上表现为国家环境保护义务，而非公民“环境权利”，原因在于环境权利内涵宽泛。基本权的规定意味着国家必须保障基本权的实现，而环境权还包括一部分国家社会福利性质的内

① 雷磊：《融贯性与法律体系的建构——兼论当代中国法律体系的融贯化》，《法学家》2012 年第 2 期。

容，其与宪法基本权性质并不相符，若通过宪法保障的基本权路径予以规定，则会导致国家给付的不能，对宪法的权威造成损害。因此，在宪法层面上一般表现为国家环境政策或环境义务的宣誓。目前，已有105个国家在宪法中纳入环境基本国策条款，明确国家在环境保护上的责任。①

2018年《宪法》第五次修订将“生态文明”与建设“美丽的社会主义现代化强国”写入宪法序言并对国务院的职权进行了修改，明确国务院“领导和管理经济工作和城乡建设、生态文明建设”。可以说，2018年《宪法修正案》将“美丽中国”入宪，形成了整体性环境宪法规范体系。在“美丽中国”统领下，我国已经形成“根本任务规范—纲领性规范—规则性规范”的结构合理、效力差序的环境宪法规范体系。② 在我国现行《宪法》中确立国家环境保护义务的规范依据包括两个方面：一是根据2004年修宪所增加的第33条第3款“国家尊重和保护人权”之规定，将其视为“概括性人权保障条款”，从中推导出对公民生命健康权的保障。二是根据《宪法》相关条款确认我国宪法的环境基本国策条款，并推导出相应的国家环境保护义务，包括：《宪法》第26条第1款“国家保护和改善生活环境和生态环境，防治污染和其他公害”，第9条第2款“国家保障自然资源的合理利用，保护珍贵的动物和植物。禁止任何组织或者个人用任何手段侵占或者破坏自然资源”，第14条第2款“国家厉行节约，反对浪费”，《宪法》有关条款规定存在以下特征：（1）规范主体为“国家”，《宪法》第9条第2款后段隐去的主体亦是“国家”。（2）规范内容为国家义务，并且国家义务直接源自规范的设定，而不是“基本权利—国家义务”的逻辑演绎结果。（3）规范对象指向“生活环境”“生态环境”“污染和其他公害”“自然资源”“动物”“植物”等环境及其要素；《宪法》第14条第2款的规范对象虽未点明，但应当涵盖资源、能源等环境要素。（4）规范实施要求国家立即采取“保护”“改善”“保障”“厉行”等促进性行为，或者“防治”“禁止”“反对”等禁止性行为，但其实施程度、效果受限于经济社会等条件，不太可能一蹴而就，相关宪法语言仍存在抽象、模糊、开放等特征，因而不要求环境国家任务全

---

① 陈海嵩：《国家环境保护义务的溯源与展开》，《法学研究》2014年第3期。

② 丁霖：《论法律秩序视角下环境法典总则一般规定的构建》，《苏州大学学报》（法学版）2021年第4期。

面、即时地实现。[①]

依照公法基本原理，国家义务包括“消极（尊重）、保护、给付”3个层次，[②] 具体到国家环境保护义务，即国家权力运作不得侵害公民包括生命健康权在内的基本权利，公民基本权利的保障即为权力的最低限度的边界；国家应保障公民防止生命健康权在内的基本权利遭受不法侵害，保障公民生命健康权在内的基本权利的实现条件；国家应根据国家承受能力和经济条件，给予公民相应的环境福利，不断提高环境质量。这里国家的消极义务、保护义务均是针对相对人请求权的义务，[③] 一旦公民的基本权利遭到侵害，可以请求排除妨害与赔偿。而国家的环境给付依赖于国家行政行为的实施，是针对公共利益的义务，[④] 并不直接针对相对人请求权义务。不能直接通过请求权主张国家为或者不为相应的行为以实现国家环境福利，只能通过国家行政行为为福利的实现提供条件和便利。原因在于，环境福利所对应的环境质量的提高，并非基本权利保障，而是更高层次的需求，这一需求的程度高低取决于综合国力。综合国力越高，所能提供的环境福利越多，所能给予公民享有更高环境质量的条件与机会越多。如果这种国家的给付义务对应的社会福利能够直接通过请求权的行使而实现，则国家将入不敷出，导致国家权威受损害。因此，这是一种较弱性质的请求权。虽不能通过请求权主张社会福利内容，但此类内容可以通过参与环境行政或通过行政所设置的特别程序予以实现。

现代公法各个部门法均围绕宪法规范所规定的国家义务与基本权利保障展开，各个部门法、基本法均发挥着宪法规范具体化的作用——“部门宪法”的作用。其建构逻辑顺序是宪法—宪法规范—部门基本法—部门单行法。例如，教育法即围绕宪法中有关教育基本权展开，社会保障法也应围绕宪法中有关国家社会保障义务而展开，环境法亦是如此。环境立法目的的解释就应该与宪法环境保护规范解释保持一致性。我国目前《环境保护法》立法目的中“为保护和改善环境，防治污染和其他公害”直接对应了《宪法》中“国家保护和改善生活环境与生态环境，防治污

① 闫海：《美丽中国：中国版环境国家的宪法规范体系》，《社会科学研究》2020 年第 2 期。

② 张翔：《基本权利的受益权功能与国家的给付义务——从基本权利分析框架的革新开始》，《中国法学》2006 年第 1 期。

③ 王锴：《行政法上的请求权体系及功能研究》，《现代法学》2012 年第 5 期。

④ 王锴：《行政法上的请求权体系及功能研究》，《现代法学》2012 年第 5 期。

染和其他公害”义务，划定了环境法调整的范围和保障生命健康权、提供环境福利的具体方式。也即，通过保护环境、防治污染和其他公害保障生命健康权，不断改善环境质量，不断提供公民所享有的环境福利。而“保障公众健康”对应了宪法规范中的“国家尊重和保护人权”义务，但仅对应与环境保护相关的生命健康权的保护。“推进生态文明建设，促进经济社会可持续发展”则对应了宪法中“改善生活环境和生态环境”的国家环境福利的给付义务。如此，环境立法目的便与宪法中的环境保护规范建立起积极的关联性，而不再是宪法文字表述的重复，立法目的从而具有了宪法的支撑，同时，宪法环保条款也随着以环境立法目的为导向的环境法体系而具体化。

二　环境法律目的与环境法原则的关联性解释

如前文所述，法律目的与法律原则之间有明确的逻辑关系，法律原则是法律目的的具体化和工具化。法律目的可以为法律原则的正当性提供一个证立的作用，并使法律原则胶合在一起，同时为原则之间的冲突解决提供了一种依据。

环境法律目的包括直接立法目的——所调整的范围，最终立法目的——公众健康保护与国家环境福利的不断提高。为保证上述目标的实现，不可能由立法目的直接推导出法律规则，而是由立法目的推导出环境立法方针和原理——法律原则，进而再具体制定规则。需要注意的是，这并非由目的概念直接推导出原则，再推导出法律规则的机械推理。现代法学不同于概念法学的最重要特征是由社会生活提炼出法律规则，再由法律规则抽象出概念，而非相反。我们所描述的由立法目的推导出原则的解释路径是一种逻辑上的演绎，不同于法律的产生过程。

世界各国环境法所具有的两项最基本原则是“预防原则”与“公众参与原则”，具体到我国，即为“预防为主、综合治理原则”与“公众参与原则”。除此之外，我国《环境保护法》第5条还规定了“保护优先”“损害担责”原则。

（一）预防原则

预防原则是环境法中的帝王原则，最能清楚地呈现环境法目的工具性原则。在历史维度上，伴随自由资本主义的衰败与福利国家兴起，加之环境污染与生态破坏的大规模产生，一种超越事后救济司法模式的预先干预模式成为可能——危险预防模式产生。所谓危险是对生态环境造成具体危险的行为，在此情形之下，依据已有的知识和经验可以判断该行为可能带来的危害。[①] 危险往往是某种行为与状态之间具有“充分盖然性”，能给公共安全所保护的法益造成损害。这种“充分盖然性”只要预期侵害越大、发生盖然性越高就足够了。[②] 从预防的角度来看，预防针对的是生态环境损害的现实威胁，即开发利用生态环境的行为尚未造成实际的损害结果，但依据已有的知识和经验可以判断生态环境已经处于现实的危险，若不制止该行为，则损害必然发生。较之事后救济，危险预防是在损害未发生之前，通过公权力干预与环境保护义务的承担消除损害发生之可能性。世界各国均直接或间接规定了危险预防原则。例如，在日本法之中，危险预防表现为未然防止原则，是指对环境产生威胁的物质或活动，要避免对环境产生不良影响，体现在日本《环境基本法》第 4 条后半段规定中。即，环境的保全“应当在科学知识的充实之下以未然防止环境保全上的妨害为宗旨展开”。[③]

危险预防模式意味着真正意义上现代环境法的产生。在一定程度上，可以将危险预防原则定位为环境法的“帝王原则”。因为其奠定了环境法公权力正当性基石，实现了私权救济向公共秩序、公共服务保障的转型升级，包含着环境价值逐渐从传统私权“附庸”向具有独立意义的价值变迁。从事后救济到危险预防，意味着的权力介入传统自由权的强度提升，而这种权力扩展是以正当性理由与公众价值共识为前提的。在客观价值层面，20 世纪 60 年代以来伴随生物科技迅速进步与工业化大生产快速扩张，生态危机在全球范围凸显，对全球人类传统权利形成威胁，无论从社会成本效益、当事双方权利保障的角度看，还是从国家秩序维护角度看，事后救济模式都不足以因应频繁发生的生态环境危机，故而需要国家在损害尚未发生的情况下运用公权力为污染者设定义务。伴随环保合规义务的产生，公众对环境的认识逐渐从传统权利的延伸而扩展至有环境质量标准和排污标准支撑的公共环境利益空间。这意味着公众对生态环境的价值认识逐渐形成了以现代科学技术为支撑、以明确因果关系为前提的相对独立

① 于文轩、宋丽容：《论环境司法中预防原则的实现路径》，《武汉大学学报》（哲学社会科学版）2022 年第 1 期。

② 刘明全：《中国环境法预防原则的实质阐释》，《清华法学》2022 年第 5 期。

③ 大塚直、张震、李成玲：《日本环境法的理念、原则以及环境权》，《求是学刊》2017 年第 2 期。

性，对于危险的认识逐渐从对人传统利益的危险演化为对环境的危险。环境价值的相对独立性决定了其作为一种公共秩序与公共服务产品应受权力规制的可能性，生态环境污染、破坏行为与环境损害之间的因果关系的确定性决定了应受权力规制的必要性。而在主观价值层面，伴随福利国家与给付行政兴起，社会治理的重心从市场自主转向国家规制，通过对经济活动和社会活动的集体规制，从而弥补绝对自由市场的不足。社会价值共识由绝对的自由与个人主义转向人的基本权利，国家权力干预市场与社会的正当性得以型塑。人们坚信现代社会中人的生存权与发展权的保障离不开国家权力的深度介入。在环境保护领域即体现为国家权力对环境损害的提前介入。国家权力在因果关系确定的前提下介入社会与市场为个体和群体的生存权、发展权提供保障具有正当性。

晚近出现的风险预防是科学不确定背景之下“损害发生的未有充分盖然性”的权力干预模式，是对“危险尚未逼近”的风险行为的预防。风险预防不针对生态环境所面临的具体危险，而是在危险可能出现时前瞻性地对生态环境进行保护。① 与危险预防相比，风险预防的价值逻辑最核心差异在于科学不确定性所导致的因果关系盖然性不足，公众无法凭借事实经验直接对权力提前介入的正当性予以理解和认同。“知者”与“不知者”，“知其浅者”与“知其深者”，“知其偏者”与“知其全者”对于风险的认识有巨大的差异。科学不确定性致使与之相关的价值共识摇摆不定。但面对扑面而来的环境危机，公众与国家不可能等待科学的发展最终消除这种事实上不确定性，故而必须做出抉择，即形成所谓“决策于未知的困局”。共识前提的匮乏决定了风险预防模式下权力干预程度较强，在一定程度上突破了传统事后救济、危险预防中以确定因果关系为纽带而维系的权力—权利之间平衡关系。因此，风险沟通与实质性的公众参与就显得十分必要，其一方面作为约束机制限制和平衡了权力的强度，另一方面其作为一种民主机制补充了权力干预的正当性。

在客观价值层面，生态环境的价值乃至环境风险预防的必要性已被公众所接受，但何种风险需要预防而不是容忍、采用何种方式预防并不完全依赖科学判断，而是由科技性、经济性、价值可接受性与政治可行性综合决定的。因此，可以说风险预防具有动态性，应当伴随时代、地域、科技

---

① 于文轩、宋丽容：《论环境司法中预防原则的实现路径》，《武汉大学学报》（哲学社会科学版）2022 年第 1 期。

等因素变化而变化。[①] 同时，风险预防的尺度与方式的动态变化并非自动实现的，而是需要国家战略与国家法律保持动态的开放性，与公众形成双向的反馈机制。一方面，通过代表精英理性（知者、知其全者）引导公众在风险预防领域形成价值共识。另一方面，法治需及时对不符合科学规律、公众价值不可承受以及经济成本不可承受的预防手段进行调试，使风险预防与其他要素达成平衡。

在主观价值层面，伴随社会日益复杂化，风险与价值碎片化几何级增长，确定、稳固的目标难以维系，市场自由调控与国家权力规制受到质疑。面对风险，现代法旨在通过组织规范和程序规范设计重新界定和分配不同主体的参与能力，创造、促进和重新界定社会自治，以应对价值破碎化，同时在动态学习中不断适应社会风险变化。换句话说，现代法正在建构并形成一种多元化的正当性机制替代之前的权力正当性。主体间不断进行沟通、交往的双向“驯化”“感染”。参与者在参与之初更多是源于环境法治自身的合法性，法律的强制性、权威性、有效性而接受环境法治，在法治活动中这种对环境法治认可不断由外在法律形式的认可转向了内在实质的认可，这种对环境法治实质内容的认同，并非固定不变的，而是在一定程度上通过参与活动不断修正，与外部环境不断保持动态平衡的过程。

以往对预防原则的认识关注到了预防原则所带来的成本效益的分析，认为环境的损害不可逆且治理成本巨大，应在损害发生前采取手段预防环境公害的发生。但这在一定程度上忽视了预防原则与环境法目的之间的工具与目标的牵连关系。危险预防是传统公法中的基本工具性原则，环境法以维护基本环境公共利益和环境公共福利供给为己任，不同于传统私法中的“损害赔偿”原则，环境法必然以危险预防为第一手段，不仅包括对损害事实的预防还包括危险之可能的预防。危险预防原则是环境法律目的公共性的必然工具性原则。而风险预防则不同，其要求在因果关系不确定的前提下仍采取措施，这意味着行政权力的前置与扩张。行政权力必然要求公民权利与自由空间的限制。因此，风险预防原则必须具有前提性的基础与正当性来源，而这一来源就是环境法律目的中“公众健康”的优位地位，为了保护不特定人的基本生存权，行政权力扩张进而限制部分人的

① 刘明全：《中国环境法预防原则的实质阐释》，《清华法学》2022 年第 5 期。

自由空间是存在正当性的。因此，风险预防便从法律层面与环境法律目的联系起来。

（二）公众参与原则

公众参与原则与预防原则类似，也是环境法律目的的工具性原则，只不过属于程序性工具原则，环境法律目的确定了可持续发展目的，可持续发展的本质是发展，是建立在环境可承受基础上的发展，是综合性的发展。环境保护往往意味着需要经济投入，经济利益与环境利益在此交融与调和。不同于保护公众健康的明显优位地位，可持续发展需要在特定时空条件下进行优位的选择，这一选择并非绝对，而是一种特定时空条件下的价值判断。这种价值选择仰赖于公众共识的形成。具体到环境福利的供给过程中，这种价值共识的形成即表现为公众意见的表达与形成。在整个国家环境福利的给付过程中，环境福利供给是可商讨、可理性建构的，并不具有绝对的优先性。而公众参与原则就体现了可持续发展这一目的的工具性要求。在此意义上，公众参与为价值共识的形成提出了程序上的要求，实现了可持续发展的具体化与工具化，并最终通过原则对规则的牵引实现可持续发展的目标。

（三）损害担责原则

损害担责，是指凡是实施了环境污染和生态破坏的行为均要承担相应的责任，而非有了损害结果才承担相应责任。损害担责原则是传统私法原则在环境法中演化而来的，其本身有着历史的正当性，体现了法律的基本正义需求。我国现行《环境保护法》所确定的损害担责原则与传统“污染者负担原则不同”，“污染者负担”仅确定污染结果后的损害救济，实际上仍属于利益协调的范畴，遵循法律利益的最大化原则（或者损失的最小化）。而损害担责则不同，其还包括了那些并未造成实际后果的污染与环境破坏行为，[①] 更加侧重对损害后果的预防，将对生命健康权的保障也纳入范围。应当说，这是环境法原则的一个重大变化。

（四）保护优先原则

保护优先原则是我国环境立法中特有的原则，在此重点讨论。与预防原则不同的是，保护优先原则并未出现在大多数国家的环境基本法中，甚

① 信春鹰主编：《中华人民共和国环境保护法释义》，法律出版社 2014 年版，第 19 页。

至只是极少数国家的立法实践，这一方针具有强烈的中国本土特征与实践属性。但保护优先原则的意涵空间付之阙如，对其内在事理逻辑存在争议。对于保护优先方针或保护优先基本原则的事理逻辑的阐释不应忽视其产生的国家战略背景、动机以及其作为国家战略、基本原则的全面性。保护优先原则初见于“十一五”规划，对国土空间中的限制开发区提出坚持保护优先、适度开发、点状发展，在全国主体功能区规划中提出限制开发区域要实行生态保护优先的绩效评价。但鉴于全国生态环境的严峻形势，党的十八大把保护优先的方针扩展到全国各个地区，即所有地区都要在保护生态环境的前提下开发，没有环境保护措施的则不能开发。[①] 保护优先就是在环境上把保护放在首位，加大环境保护力度，坚持预防为主、综合治理，以解决损害群众健康突出环境问题为重点，强化水、大气、土壤等污染防治，减少污染物排放，防范环境风险，明显改善环境质量。2014 年修订的《环境保护法》将保护优先原则法定化，将其列为四大法定原则之首。保护优先战略方针的提出是在中国生态环境保护制度体系初步建成，但仍面临资源约束趋紧、环境污染严重、生态系统退化的严峻形势，[②] 以解决损害群众健康突出环境问题为重点的大背景下提出的。其核心理据是通过保护优先方针理念的确认，严格落实既有生态环境保护制度体系，扭转唯 GDP 论至上的政府决策与执法导向，通过政策方针严格拘束各级政府行政决策与执法的裁量空间，扭转环境保护制度落地难、执行难局面，以守护人民群众环境相关生存权益，维护经济发展的生态环境基础。2011 年《国民经济和社会发展第十二个五年规划纲要》首次明确将生态环境纳入地方政府绩效评价体系。其规定“……对限制开发的农产品主产区和重点生态功能区，分别实行农业发展优先和生态保护优先的绩效评价，不考核地区生产总值、工业等指标……”保护优先方针并非抽象地规定环境利益应当优先经济利益，或者环境保护应当优先于环境资源开发利用活动，而是具象化地引导环境保护制度依法、严格、有效落实。其优先于谁、优先的条件以及优先的理由已经被生态环境保护制度所厘定。具体而言，保护优先方针适用是无条件，作为国家战略方针与法律基

① 杨伟民：《真正领会和坚决贯彻执行节约优先、保护优先的方针》，《中国经贸导刊》2013 年第 7 期。

② 杨伟民：《真正领会和坚决贯彻执行节约优先、保护优先的方针》，《中国经贸导刊》2013 年第 7 期。

本原则应贯穿环境保护监督管理、环境保护立法、执法与司法活动始终的。但其适用方式上存在差异。

一方面，超越环境容量上限、资源开发利用上限与生态保护红线时，环境利益处于实质上的绝对优先，环境立法、行政执法与司法均应受到实质性优先的拘束，限制其突破上限与红线的裁量。这种实质性优先的制度支撑主要表现为三个方面：第一，在国家划定的重点生态功能区、生态环境敏感区和脆弱区划定生态保护红线，实行严格保护。第二，对超过环境容量区域或者对污染敏感区域实行严格保护，具体包括：超过国家重点大气污染物排放总量控制指标或者未完成国家下达的大气环境质量改善目标的地区；超过重点水污染物排放总量控制指标或者未完成水环境质量改善目标的地区；产出的农产品污染物含量超标，需要实施修复的农用地地块；土壤污染状况调查报告评审表明污染物含量超过土壤污染风险管控标准的建设用地地块；饮用水源保护区。第三，对超过自然资源利用上线的行为和区域采取严格管理，具体包括：不符合《水法》《草原法》《森林法》等单行法规定，不符合国家安全、环保、能耗、质量、自然资源利用方面强制性标准，不符合国际环境公约等要求的工艺、技术、产品、装备项目；自然资源上线管控区，包括生态用水补给区、地下水开采重点管控区、土地资源重点管控区、高污染燃料禁燃区与自然资源重点管控区；列入《产业结构调整指导目录》限制类和淘汰类项目。

另一方面，保护优先作为贯穿于环境管理、法治始终的原则，除前述触及红线上限的情况下适用外，在没有超越环境容量上限、资源开发利用上限与生态保护红线时，生态环境保护应处于程序上的优先地位。即在行政决策、法律实施时应当依法将环境利益在程序上置于优先顺序进行考量。例如，新建、改建、扩建建设项目落地之前应当符合环境单行法确定的各类规划，并预先进行环境影响评价；排污企业、单位应当事先取得排污许可，并按照排污可要求达标排放。在此，保护优先原则并非一味禁止对环境产生不利影响的生产生活活动，而是在红线与上线的范围内，允许符合法定条件的生产生活活动展开。在红线与上线范围内，选择何种发展方式，允许何种产业落地，对建设项目与排污企业是否采取更为严格的环境管制措施属于地方政府行政决策的裁量空间。在此空间中，环境利益与包括经济利益在内的各种非环境利益相互博弈，均具有利益实现的正当性，环境保护与环境利益并不具有绝对的排他效力。在一定程度上，可将这种形式上的保护优先理解为环境法中的预防原则，强调环境保护规制手段的提前介入，但其侧重点有所差异，着重预防措施的有效执行和落地，不可因经济发展而枉顾预防措施。例如，在环境法治实践中经常出现的“未批先建”行为，建设项目未完成环境影响评价，就开工建设。《环境保护法》第61条与《环境影响评价法》第31条取消了“限期补办手续”的要求，而对违法行为直接进行处罚，加大企业违规建设成本。这即是保护优先原则程序优先性对立法的直接价值牵引与拘束。

结合原则去解释法律目的，使整个法律目的与环境法律原则形成一个整体，目的不再是停留于目的条款中的词语，而是能够通过原则予以细化和实现。同时，原则也不再是宽泛和抽象的，而是获得了目标的价值牵引。上述两种要素所形成的关联性通过宪法规则获得了法律上的效力，使整个环境法律目的与环境法体系融贯起来。

第三节 环境法律目的条款的形式理性分析和完善

法律目的作为法律文本期望实施而实现的目标，在法律草案制定时就已经设定。这个法律文本围绕法律目的进行设计与行文，并且法律目的随着立法的过程也逐渐清晰与合理，最终转为文字表述，从而形成立法目的条款。[①] 立法目的条款是在法律文本中专门用来表述整个法律文本之目的的特定法条形式，其与立法目的是形式与内容的关系。立法目的需要借助立法目的条款这一外部形式发挥法律现实作用，那么就必然受到这一形式的限制。立法目的条款不是简单的文字表达，其同时具有立法目的的规范性、强制性，发挥着立法活动的方向选择、立法论证的有效途径、法律解释的重要标准的作用。[②] 因此，立法目的条款的形成是严肃的国家立法过程，是法律的实质价值依据法律科学运用法律技术予以呈现的过程。

一 表达顺序

当立法目的存在多个层次时，应根据立法目的的重要性或格局，依次表述以使法律人能够通过文本解读到多个立法目的之间的这种层次关系，从而运用到立法、司法之中。我国《环境保护法》立法目的表述为“为

① 刘风景：《立法目的条款之法理基础及表述技术》，《法商研究》2013年第3期。
② 刘风景：《立法目的条款之法理基础及表述技术》，《法商研究》2013年第3期。

保护和改善环境，防治污染和其他公害，保障公众健康，推进生态文明建设，促进经济社会可持续发展”。前文已探讨该立法目的包括 3 个层次，此处不再赘述。但有必要对立法目的的顺序问题进行阐释。直接目的“保障公众健康”和“推进生态文明建设，促进经济社会可持续发展”对应的是环境相关的生存权保障与国家环境福利的供给，这一顺序是从优先到一般、从具体到宏观的关系。

世界各国均采用了这一立法目的的排列顺序。日本 1967 年的《公害对策基本法》第 1 条规定：“本法是为了明确企业、国家和地方公共团体对防治公害的职责，确定基本的防治措施以全面推行防治公害的对策，达到保护国民健康和维护其生活环境的目的。”该规定将保护国民健康放在维护生活环境的目的之前。美国 1969 年《国家环境政策法》在第 4321 条国会目的宣言中规定：“本法目的在于：……努力提倡防止或减少对环境与自然生命的伤害，增进人类的健康与福利……”同样将生命健康保障置于福利增进之前。这点与我国立法目的并无差异。

但关于“保护和改善环境，防治污染和其他公害”，这一顺序各国规定与我国并不一致。加拿大 1999 年《环境保护法》规定：“本法是关于污染防治、保护环境和人类健康的一部法律，其目的在于有助于实现可持续发展。”明显将污染防治置于保护环境之前。英国 1995 年《环境法》规定：“为了……为了对污染的土地和废弃的矿山做出规定，对国家公园做出进一步规定，对污染控制、自然资源保护、环境的保护和强化做出进一步规定……制定本法。”可见，英国环境保护法同样将“污染控制”置于“环境的保护和强化”之前。这并非可有可无的文字游戏，立法目的的顺序在一定程度上表明了优位顺序与优先性，当然需要将最重要的目的置于诸多立法目的之前。生命健康权的保护优位没有异议，而污染和其他公害显然是生命健康权的最主要侵害方式，因此，通过生命健康权的优位可以推导出防治污染和其他公害的防治应优位于保护与改善环境。需要指出的是，“防治污染和其他公害”必然与“保护和改善环境”存在重合性，但并不妨碍“防治污染和其他公害”的优位性，因为立法必然存在一定的模糊性，这种模糊性需要结合法律适用中具体条件而获得精确性，并不影响在立法目的表述上污染控制与环境保护的先后顺序。综上，建议应当将“防治污染和其他公害”置于“保护和改善环境”之前，使立法目的各个层次更具逻辑性和关联性。

二 “公害”的法学释义与表达

上文强调了“防治污染和其他公害”相对于“保护和改善环境”优位性，但我国《环境保护法》并未对“公害”一词进行专门的法律定义，仅在第42条第1款中规定：“排放污染物的企业事业单位和其他生产经营者，应当采取措施，防治在生产建设或者其他活动中产生的废气、废水、废渣、医疗废物、粉尘、恶臭气体、放射性物质以及噪声、振动、光辐射、电磁辐射等对环境的污染和危害。”应当说本条是对“防治污染和其他公害”的一种描述性定义，但并未给公害一个明确的定义。学界普遍认为，在我国，“公害”一词来源于日本《公害对策基本法》，其等同于环境污染一词，即“指伴随企业活动及其他人为活动而发生的相当范围的大气污染、水体污染、土壤污染、噪声、震动、地面沉降和恶臭，并由此而危害人的健康或生活环境（包括与人的生活有密切关系的财产以及动植物及繁衍的环境）”。那么就可以将“防治污染和其他公害”视为“防治污染和其他污染”。如此，“其他公害”一词完全没有任何必要存在而应予以删除，仅需对“污染”一词进行列举性定义，并辅以兜底性规定即可。这一观点值得商榷。公害一词源于英美法普通法中的“public nuisance”一词，对应的是普通法上的“私害”，经日本借鉴并在日本制定法中概念发生改变，等同于“环境污染”。[①] 英美普通法上的公害制度中的“公害”一词比日本环境立法中的“公害”具有更为广泛的含义，是指“对一种公众共有权利的不合理干扰”。[②] 包含了对公共健康、公共安全、公共和平、公共舒适或公共便利的重大干扰，当然也包括了日本环境保护法中的狭义“公害”——环境污染。事实上，日本从公害对策法发展到环境保护法早已超越了单纯的环境污染防治，其《环境基本法》中“环境负荷”的概念就体现了英美法中对环境或公众环境利益的不合理干扰。日本《环境基本法》第2条对“环境负荷”进行了定义，指“由于人类活动对环境产生的影响，有可能成为不利于保护环境的因素”。通过对环境负荷的规制而形成的环境法律规范就超越了污染防治，而扩大

① 胡德胜、黄靖：《环境法中的“公害”：历史和比较的视角》，《青海社会科学》2012年第5期。

② 胡德胜、黄靖：《环境法中的“公害”：历史和比较的视角》，《青海社会科学》2012年第5期。

至任何对环境产生不利影响的行为。在日本环境保护法中，公害与环境负荷两个概念共同构筑起现代日本环境法所调整的基本范围。

公害与环境负荷这一组概念的逻辑关系类似于我国“保护和改善环境”。保护环境是基本要求，改善环境是更高层次的要求。因此，在我国，“公害”的概念可以借鉴英美普通法中“公害”与日本“环境负荷”的概念，应当指“对环境的不合理干扰”，而非限定于“重大干扰”。如此，“防治污染与公害”一组立法目的，就更具层次性且与“保护和改善环境”衔接起来，同时与“保障公众健康，推进生态文明建设，促进经济社会可持续发展”的最终目的形成手段与目的的对应性关联。

因此，建议增加“公害”的说明性规范，采取规定性定义方式。安·塞德曼将说明性条款分为描述性定义条款和规定性定义条款。[①] 描述性定义条款是对事项或内容的列举性规定，将概念所包含的外延尽可能全面揭示出来。“其作用在于描述特定事实的行为或者一般而抽象地确定法定的事实构成”。而规定性条款则包含价值标准，以“当为”为内容的规范。[②] 安·塞德曼等认为，“对于描述性定义，精确性是必要的。对于规定性定义，没有实际物体可以作为指示物，精确性不重要，说话者加诸文字目的的实用性是唯一可行的标准”[③]。参照环境负荷和普通法中“公害”，有几个价值要素是应当体现的。一是强调是对环境产生的不利影响，而非其他如交通、经济等公共权利的侵害。二是强调不利影响区别于环境污染等严重不利影响，属于较高层次的保护。三是强调对环境产生的不利影响将直接或间接危害人健康或与人生活有密切关系的财产及动植物繁衍环境，不单纯指向生命健康，对应“改善环境”。也即，公害是指由于人类活动对环境产生的不利影响，并由此而危害公众健康及与公众生活密切关系的财产以及动植物及其繁衍的环境。

三　法律形式理性下的“生态文明建设”与“可持续发展”

我国《环境保护法》立法目的中新增了“推进生态文明建设”。党的十八大首次单篇论述了生态文明建设，将生态文明建设纳入中国特色社会

① ［美］安·塞德曼、罗伯特·鲍勃·塞德曼、那林·阿比斯卡：《立法学理论与实践》，刘国福、曹培等译，中国经济出版社 2008 年版，第 419 页。

② ［德］伯恩·魏德士：《法理学》，丁小春、吴越译，法律出版社 2003 年版，第 93 页。

③ ［美］安·塞德曼、罗伯特·鲍勃·塞德曼、那林·阿比斯卡：《立法学理论与实践》，刘国福、曹培等译，中国经济出版社 2008 年版，第 419—420 页。

主义事业“五位一体”总体布局当中，提出了建设美丽中国的宏伟目标。环境保护是生态文明建设的主阵地，加强环境保护是推进生态文明建设的根本途径。[①] 我国环境法学界对在立法目的中增加“推进生态文明建设”普遍持支持态度，原因在于国家自党的十八大以来在政策层面始终倡导生态文明建设，“生态文明建设”纳入立法目的或将有力增强法律的权威性与促进法律良好实施。

环境法律系统在理念上必须与国家的政治、经济背景保持融贯。这样法律系统才能与其他社会子系统形成互动，保持社会的良性运转。纵观各国环境法的立法目的，虽然包括多种立法目的，但目的本身较为具体。例如，美国《国家环境政策法》第 4331 条虽规定了 6 项立法目的，但每项立法目的均具体而明确。此举有多重意义。一方面，环境法，即便是环境基本法，并非如宪法般侧重政策、价值、理念的宣誓，环境法作为部门法仍需具备高度的可操作性。《环境保护法》中大量的规范仍然是标准的义务与授权法律规则，仍然是对行为的规范而非规范的规范。另一方面，立法目的条款之所以保留，就在于通过文本能够推导出立法目的本身，这一目的解释对司法及法律适用方法的选择极其关键。不确定的政治概念将阻断对立法目的的客观解释，而导致法律适用中自由裁量权的滥用。

这就涉及一个关键性的问题，即如何在规范层面理解和把握“生态文明”。人类文明已经历了原始文明、农业文明、工业文明 3 个阶段。尤其是进入工业文明阶段之后，人类生产力井喷，科技迅速发展，人们对自然改造能力空前变化。而不尊重自然规律、自然科学的人工改造，必然被客观规律反噬。环境危机频现，让人类不得不去思考如何在工业文明阶段与自然和谐相处。广义的生态文明包括多层含义。第一，在文化价值上，树立符合自然规律的价值需求、规范和目标，使生态意识、生态道德、生态文化成为具有广泛基础的文化意识。第二，在生活方式上，以满足自身需要又不损害他人需求为目标，践行可持续消费。第三，在社会结构上，生态化渗入社会组织和社会结构的各个方面，追求人与自然的良性循环。[②] 在规范层面，生态文明含义包括以下几个方面：第一，环境法律不再是唯价值判断论，而是需要将客观经验判断融入价值判断中，即环境法律不仅调整人与人之间的关系，也将人与自然的关系通过人与人的关系表

① 信春鹰主编：《中华人民共和国环境保护法释义》，法律出版社 2014 年版，第 5 页。

② 陈瑞清：《建设社会主义生态文明，实现可持续发展》，《北方经济》2007 年第 7 期。

达出来进行调整。第二，生态文明意味着人对环境的需求不再依附于传统人身权、财产权，环境利益不再作为传统利益的反射利益存在，而是一种相对独立的价值需求，与物质、精神、社会、政治等价值并驾齐驱。而环境法律正是对这种独立价值的回应和调整。第三，生态文明意味着以生态规律为根据，以生态整体主义为导向的制度建设，要求打破传统事后救济法、危险预防法与风险安全预防法的碎片化状态，而需要建立整体性、系统性和联系性的制度规范体系。

“可持续发展”不同于“生态文明建设”，其有着漫长的文意演进过程，内容已经相对清晰，且已经在各国法律文本、国际条约中反复出现。“可持续发展”包括以下几个层次：首先，可持续发展的根本目标还是发展，是为了增进人类的福利，提高人类的生活质量，而人类的发展和生活品质的改善必须建立在地球生态系统的支撑能力范围之内。其次，实现发展的同时应当维持生态系统的完整性，不应因当代人类的发展而损害后代人满足其需要的能力。最后，应当把经济发展与生态的可持续性有机地结合起来。对人类发展的基础——环境、资源的开发和利用，应当维持和建立在利用效率最大化的基础之上。[①] 自 1998 年修订的《土地管理法》的第 1 条将“促进社会经济的可持续发展”作为立法目的以来，我国 1999 年《海洋环境保护法》、2000 年《大气污染防治法》、2002 年《水法》和 2004 年《固体废物污染环境防治法》等修订的法律，以及 2002 年《清洁生产法》《环境影响评价法》等法律，纷纷将“可持续发展”规定为立法目的。可持续发展无论从内涵还是从体系来看均十分清晰、明确，是现代环境法的最佳立法目的。虽然可持续发展作为立法目的合适，但仍需要结合相应的说明性条款将“可持续发展”具体化。这里可以比较和参考美国《国家环境政策法》立法目的的 6 项内容，对可持续发展予以细化。可持续发展的说明性规范应当包括以下几个方面：其一，满足多层次需求的环境，即健康、安全、优美的环境，并尽可能保持一种能为每个人提供丰富与多样选择的环境；其二，突出协调发展，最大限度地合理利用环境，不得使其恶化或者对健康和安全造成危害，谋求人口与资源的利用达到平衡，促使国民享受较高的生活水平和广泛舒适的生活；其三，强调代际公平，维持生态系统的完整性，不应因当代人类的发展而损害后代人满足其需要的能力。

① 汪劲：《中国环境法原理》，北京大学出版社 2000 年版，第 29 页。

第五章

形式理性下环境法原则规范性的实现

环境法律的基本价值取向在于维持环境行为的规范性预期的稳定，防治污染和其他公害，保护和改善环境，保障公众的生命健康权，增进国家福利供给。而这一基本价值能够实现，仅有规范性的立法目的是远远不够的，关键在于建构一个能够保障这一基本价值实现的环境法体系。

依照前述法律系统的理论，一方面，法律系统通过功能的自治与合法/非法的符码化运作，实现了法律系统自治与封闭；另一方面，法律系统又必须对社会其他领域所发生的事件保持一种开放的态度，就好像有机体如果不能获得外界输入的养分就会死亡一样。而在法律系统中保持认知的开放性的就是“纲要”，即关于运作选择的正确性的判断标准。① 卢曼的这一认识与实证分析法学派海克的认识存在高度的相似性。海克将法律体系区分为“内部体系”与“外部体系”。“外部体系”是将法律素材归类整理成一个概念性的类别体系，而“内部体系”则涉及一般法律思想的发现、避免评价矛盾以及将法律原则具体落实为法规则的内容及司法裁判。外部体系是描述的问题，而内部体系则涉及认知和规范的问题。②

法律原则在此承载和传达了法律体系的基本价值精神和取向，同时构成了法律秩序的基础部分。③ 当法律的外部体系是以法律规则（还包括抽象概念）为主导力量所构成的，则对应了法律系统的运作的封闭性。人们在运用形式逻辑的方法，将法律所规制的客体条理化、抽象化，并使之适合于概念型构之需要的过程中所得到的一般抽象化体系。而法律的内部

① 杜健荣：《卢曼法社会学研究》，博士学位论文，吉林大学，2009 年，第 98—101 页。

② 陈一娟：《法律原则与内部体系的形成》，硕士学位论文，西南政法大学，2006 年，第 32—33 页。

③ ［德］卡尔·拉伦茨：《法学方法论》，陈爱娥译，商务印书馆 2003 年版，第 137—142 页。

体系是以法律原则为主导力量所构成的，对应了法律系统认知的开放性。在这里可以简单将“纲要”理解为法律原则。这种开放的法律内部体系落实到法律规范上，就是将各种法律价值和法律原则依据其对于整体法律目的之重要性而序列在一个体系中，并发挥其规范性的拘束力。[①] 对于一个成熟的法律体系来说，不同的规则只有联结在一起通盘考虑才“有意义”。法律原则被人们认为是合理的，或者对指导人类事物来说是正当的，则依法律原则所延伸出来的规则行事也是合理和正当的。[②] 从这个意义上讲，在共同价值目标的引导下，法律原则将规范胶合在一起，为规则的正当性起到了证立的作用，也就是法律原则在体系中的融贯性作用。

但法律体系认知上的开放性并非仅以法律原则为已足，还必须通过法学方法对法律原则进行教义学解释，具体包括：具体原则的内涵与外延界定、原则的拘束力及引导作用的阐释、法律原则之间相互关系及其体系定位、法律原则立法技术及其表达等。

第一节　由学理走向规范的环境法原则

在《环境保护法》确定环境法原则之前，关于原则的讨论与解释往往诉诸法律系统之外的环境保护需求和域外立法经验，而忽视原则对于环境法体系化、环境法拘束力的研究。由于《环境保护法》修订时间较短，而且司法案例供给不足，目前对环境法原则的规范性讨论仍不充分。即便如此，环境法学者有关环境法原则的学理讨论仍促进了对环境法律原则内容的阐释，很多法律规则的制定与完善也建立在环境法律原则学术探讨的基础之上，并将环境保护法原则通过成文法的方式予以固定下来。这一过程促使环境法律原则从法律文本背后走向了法律文本前台，构成了原则规范性探讨的基本背景。

一　环境法原则的历史考察

在现代环境法早期发展阶段，为了解决因环境污染而造成的民事法律纠纷，西方国家采用私法上的传统民事侵权与相邻关系解决平等主体间因

① 李明华、李可：《法律原则与法学体系之走向——以封闭体系与开放体系之对比为线索》，《湖南科技学院学报》2005 年第 7 期。

② 侯学勇：《麦考密克论融贯》，《政法论丛》2008 年第 2 期。

环境污染形成的财产与人身健康法律纠纷。此时，环境法律原则仅限于污染损害赔偿原则，而且局限于对特定人身健康与财产的赔偿，并不包括现代环境法损害担责原则涵盖的对自然环境损害的赔偿。随着环境问题的日益凸显，事后赔偿救济方式往往成本巨大，而且大量不特定人的健康与财产损失无法得到救济，环境法逐渐开始由私法向公法转型。各国立法围绕着环境行政与环境福利给付构建起部门化、体系化的环境立法，形成以环保为目的、对社会经济活动进行全方位国家干预和行政管制。极具公共行政工具性价值的原则开始出现在环境法中，最为典型的即预防原则、公众参与原则、合作原则等。随着环境法律规则的逐渐完备与环境法的体系化，一个专门调整环境保护与资源合理开发利用的领域法已经形成。为协调庞大法律规则间的关系，形成价值共同体，环境法律原则逐渐由潜藏在环境行政背后的基本原理走向法律的前台，形成实定法中的环境法原则。例如，《欧洲共同体条约》第 130R 条、130S 条和 130T 条规定了 9 项环境法原则。2003 年修订的法国《环境法典》在总则部分确认了环境法原则，即可持续发展目标和预防原则、预防与治理并举原则、污染者付费原则和公众参与原则 4 项环境法原则。瑞典《环境法典》专门规定了 10 项环境法原则。一旦法律原则由实定法予以规定，就摆脱了学理的任意性，而获得了规范性，具有真实的法律效力，对法律推理和法律诠释具有拘束力。

随着我国环境法治建设的不断发展，环境法原则也逐渐走向法学研究的视野。但不同的是，我国环境法自诞生之初就有强烈的公法味道，直接跨过了环境私法控制阶段。环境法治发展的同构性、国家战略性与动态性决定了我国环境法律发展并非演进的模式发展，而是由国家理性建构而来的。在此背景下，环境法律原则产生、进化与发展的过程就不存在了，取而代之的是由国家战略与政策直接转变而来的法律原则。建构理性是动态的、自上而下的，难以穷尽所有事实。那么，在此理性下建构的法律原则与法律规则之间的关联性多少就有些不足，很难直接体现法律原则对规则的牵引。例如，在我国环境法发展的早期阶段，环境法学者依据 1979 年《环境保护法（试行）》规定的 32 字环境保护基本方针，最早归纳了 4 项环境法基本原则，即全面规划与合理布局原则、综合利用与化害为利原则、依靠群众保护环境原则和谁污染谁治理原则。① 这种原则是依据环境

① 韩德培主编:《环境保护法教程》，法律出版社 1991 年版，第 51—63 页。

保护的基本方针政策解释而来，其并非真正的环境法原则，上述 4 项基本原则几乎放之四海而皆准，并未体现环境法律目的的核心诉求，上述原则很难与法律规则形成真正的逻辑关联。如果不能将原则价值真正深入规则层面，那么原则对司法裁判的拘束力可想而知，更不可能对环境行政权的运行起到规制作用。1989 年我国颁布了《环境保护法》，该法仍然没有明确使用“环境法原则”的提法。《环境保护法》修订之前，学者将环境保护法的原则归纳为环境保护与社会经济协调发展、预防为主、污染者负担等环境法基本原则。这种法理层面的原则多依据的是域外立法，并非真正源于《环境保护法》的内部法律规则。这种缺少实定法支撑的原则可能由于原则概念、认定标准、价值观的不同，导致对原则阐释的不同。实际上，环境法学界对于原则并未形成真正的共识，立法与司法也并未解决这种关于原则认识上的分歧。例如，对于可持续发展原则，有学者认为是法律目标，有学者则认为是法律原则。因此，这种学理层面的环境法原则不可能成为司法与立法的依据，其规范性也不可能真正实现。

2014 年修订的《环境保护法》首次通过实定法确认了环境法的原则。第 5 条明确规定，“环境保护坚持保护优先、预防为主、综合治理、公众参与、损害担责的原则”，即保护优先原则、预防原则、公众参与原则与损害负担原则。这一实定法对法律原则的确认是开创性的，实现了法律原则从法理向法律的转变，这一转变意味着原则将获得法律的规范性与强制性。从原则与规则之间的效力关系来看，当规则冲突或司法适用出现空白时，《环境保护法》所确定的法律原则就可以发挥其规范性的作用。

二　环境法律原则的类型化分析

法律原则依据不同的标准可以分为不同种类，认真研究法律原则的分类可以深化对法律原则特征的认识，更有助于细致地理解法律原则规范性及其效果。对环境法律原则的类型化分析是为了更好地解释法律原则与目的之间、原则之间的逻辑关系和体系化功能。传统法理学对原则的划分标准包括以下四种：依据原则的法定化程度，可分为法定原则与隐性原则；依据原则所调整社会关系的范围程度，可分为基本原则与具体原则；依据原则的普遍性和历史来源，可分为公理性原则与政策性原则；依据原则与法律目的的关系，可分为目标原则与工具原则。具体到环境法领域，相对于调整范围较大的一般性原则，如依法行政原则、法律保留原则等，环境实定法所规定的原则均属于具体原则，仅在环境法内部适用。环境法是以法律目的实现为导向的实践性法律，因此，隐性法律原则由于需要法学者与法官发挥主观能动性进行阐释，其存在较大的任意性。从形式理性的角度来看，不利于环境法律原则的规范性实现。因此，学理中的法律原则或者司法裁判抽象出来的原则等隐性原则不宜作为环境法的原则。故本书在此所讨论的原则仅限定于实定法规定的四项原则。依照上述标准的划分，各项环境法律原则类型有所重叠，如保护优先原则既是政策原则又是目标原则，预防原则既是工具性原则又可以归为环境行政中长期形成的公理原则。因此，下文中有关原则的类型划分不能尽数阐明原则的全部特征，仅仅是原则的最主要功能的体现。

（一）作为公理性原则的损害担责原则

德沃金，认为原则可以分为政策性的原则和公理性的原则两类。公理性原则是从社会关系的本质中得出来的、得到广泛承认并被奉为法律的公理，[①] 是普遍性的，没有国家性质和社会性质之分。例如，法律面前人人平等原则、诚实信用原则、等价有偿原则、无罪推定原则、罪刑法定原则等，它们在国际范围内具有较大的普适性。[②] 公理性原则由于是人类自身经验的总结，因而稳定性、权威性强，蕴含着深厚的道义基础和社会基础。

上文提到环境法发展是由私法逐渐发展为公法。环境法发展的早期，私法原则“有损害必有救济”原则逐渐引申至环境法领域，演变为污染者负担原则，后来随着公法化程度的加深，“污染者负担原则”演变为“损害者负担，受益者补偿”。可以看出环境法上的“损害担责”原则从私法的特定主体财产权与健康权的保护，逐渐过渡到不特定人财产权与健康权的保护，进而继续进化到对不特定人群相关环境与资源的保护。同时这一原则的构成也由单纯的损害填补向损害的填补与收益分享扩张。可见，损害担责原则的范围逐渐扩大，其对公共环境保护的力度也逐渐增强。尽管存在上述内容上的变化，但这一原则的核心没有发生改变，与百年前“有损害必有救济”的核心含义并无二致，依然是基于社会正义的损害填补与利益平衡。只不过是随着环境法所调整社会关系的日益复杂而

① 赵波：《德沃金的法律原则理论》，硕士学位论文，西南政法大学，2002 年，第 21 页。

② 梁迎修：《论法律原则》，硕士学位论文，中国政法大学，2001 年，第 21 页。

根据特定时空条件而具体化，其本质并未发生变化。可以说依然是私法原则在环境法领域的特定化，是人类长期维护社会秩序稳定的经验总结，蕴含了几百年前的道义基础和社会秩序基础。因此，损害担责原则属于典型的公理性原则。

作为公理原则，意味着当原则间发生冲突时，公理原则较之政策性原则具有法律效力上的优位性。因为公理原则根植于社会最基本的秩序要求，政策性原则则不同，其是特定时空条件下国家政策目标的安排，具有灵活性和特定性。当政策性原则与公理性原则发生冲突时，政策性原则需要让位于公理性原则。从一般情况来看，原则内涵范围抽象而概括，原则直接发生冲突的可能性较小，这种优位性表现为在法律规则不能直接适用司法裁判时，法律规则需结合原则与具体案件事实进行具体化，此时公理性原则与政策性原则选择适用，公理性原则具有适用的优先性。而环境法中的损害担责原则就具备这种优先性。预防原则、公众参与原则仅是在环境法领域内的公理性原则，从社会秩序的基础性上来看，其位阶低于损害担责原则。

（二）作为政策性原则的保护优先原则

政策性原则是国家为达到一定的政治目的和目标，或实现某一时期、某一方面的任务而做出的政治决定，一般说来是关于社会的经济、文化、政治和国防的发展目标、战略措施或社会动员等问题。① 这些原则是一个国家或民族出于一定的政策考量而制定的。在现代法治国家中，法律是保证政策实施的重要工具，因此，法律中往往会出现体现政策考量的法律原则，即政策性原则。在法律系统中，执法者、司法者仅能严格依据法律进行裁判。为防止裁判结果与政策背离，保证政策的合法性，需要在法律系统内部建构与政策相通融的法律原则，使法律系统在运作上保持封闭的同时能够与政治系统保持相当的协调。政策法律原则具有相当的针对性、民族性和时代性，与国家政策目标有高度的一致性。

就环境法原则在国际范围的普适性角度来看，预防原则、公众参与原则、损害担责原则均是各国环境法和国际条约普遍采用的原则。而“保护优先”原则显然难以满足公理性原则的普适性要求，竺效教授认为，

① 梁迎修：《论法律原则》，硕士学位论文，中国政法大学，2001年，第21页。

“保护优先”原则属于我国立法者自创。[①] 但事实上“保护优先”原则属于典型的政策性原则，与国家环境保护政策有高度的一致性。那么，厘清和界定“保护优先”原则的内涵就需要从外部考察相关国家政策，相关政策背景结合法律系统内的法律规则可以对原则的内涵空间有一个较为明确的界定。

以保护优先原则为例，实定法中对保护优先原则没有明确的界定和定义。要解释保护优先原则首先需要考察保护优先与法律目的、规则之间的关系。有学者将保护优先理解为“环境保护优先于环境开发利用”，显然与法律目的所确定的可持续发展目标相违背，因为可持续发展要求环境保护与开发利用相协调，并不强调某方的绝对优位，因此将保护优先理解为“无条件的环境保护优先”与法律目的相左。从规则的角度来看，体现保护优先原则核心理念的是《环境保护法》第29条关于生态保护红线区域内的绝对保护条款。然而，仅通过一条法律规则解读法律原则是不充分的，而通识性的理解又与环境法目的的基本价值追求相违背。目的与相关规则的关联性解释为明确保护优先的含义提供了一个解释框架，但原则内容的明确仍需要其他因素予以支撑。那么，作为政策原则的“保护优先”原则，其产生的初衷就是使法律与政策保持一致，可以通过政策因素反向推导原则的含义。

2006年《国民经济和社会发展第十一个五年规划纲要》规定在限制开发区应该“保护优先、适度开发”；2005年国务院《关于落实科学发展观加强环境保护的决定》规定“在生态环境脆弱的地区和重要生态功能保护区实行限制开发，在坚持保护优先的前提下，合理选择发展方向”；2007年国务院《关于编制全国主体功能区规划的意见》规定“限制开发区域要坚持保护优先”；2010年国务院《关于印发全国主体功能区规划的通知》规定“限制开发的重点生态功能区，实行生态保护优先的绩效评价”；2011年《国民经济和社会发展第十二个五年规划》规定在限制开发的农产品主产区和重点生态功能区坚持“保护优先，自然修复为主”。[②] 从上述政策性文件的内容可以看出，“保护优先”对“保护”的对象有严格的限制，即上述文件中的“生态脆弱地区”“限制开发区”“重要生态功能保护区”，而非通常理解中的无条件限制的“环境”。这一

① 竺效：《基本原则条款不能孤立解读》，《环境经济》2014年第7期。

② 王伟：《保护优先原则：一个亟待厘清的概念》，《法学杂志》2015年第12期。

类区域经济和人口条件不足，受现实条件的制约，经济发展潜力低下，但同时这类区域关系着全国甚至较大范围的生态安全，关系着大范围人口的生存权问题。因此，无论从功利主义角度还是权利保障角度来看，此类地区环境保护与环境开发利用之间，环境保护处于明显的优先地位。从国家理性的角度来看，这一规定符合国家的可持续发展的长远战略。此类区域内经济发展问题属于区域经济平衡与生态补偿问题，退居大范围生态安全之后。结合相关政策因素与法律内部关联性因素，可以将保护优先原则解释为特殊区域的环境保护优先于开发利用。

从上述论证中可以看出，政策原则与公理性原则在解释路径上的区别。公理性原则含义建立在社会长期形成的基本价值与秩序之上，其解释往往间接指向国家范围内的群体道德与情感判断，可以说是一种不言自明的道理，甚至无须证明。而政策原则则不同，其间接指向了系统之外的政策因素，政策本身会以政策性文件的方式予以表达，构成了解释政策原则的外部背景因素，解释的内容往往轻价值判断，重目标判断。

（三）作为工具性原则的预防原则与公众参与原则

以法律原则与法律目的的关系为依据，可以划分为法律目的具体化而形成的目标性原则和法律目的工具化的工具性原则。目标性原则是对抽象法律目的的具体化，往往体现的是法律目的的一部分价值追求，如在学理层面探讨的“可持续发展”原则与“保护优先”原则。而工具性原则则不同，其是为了保证法律目的实现所必须遵守的基本原理，工具性原则并不直接体现目的的价值追求。从这个角度来看，预防原则、公众参与原则属于最为典型的工具性原则。预防原则和公众参与原则是在环境保护实践中总结而来的，要实现环境保护法所确定的法律目的，就必须遵守预防原则和公众参与原则，从这个意义上讲，预防原则和公众参与原则是环境法领域的实践公理，也可以归为公理性原则。如果抛开法律目的，单纯地从两个原则的含义和要求出发，很难解读出工具性原则所指向的价值判断与利益关系，往往表现为一种纯粹的工具理性。

划分工具性原则与目标性原则的意义就在于原则拘束力侧重点不同。以预防原则与公众参与原则为例，两者发源于环境管理实践，其针对的是环境法中的最为关键的目的实现工具——环境行政权。通过环境法规则内容总结可以发现，上述两个原则基本直接体现在环境行政权运作的各个层面，因此，上述两个原则对行政自由裁量权的拘束力明显。其对司法自由裁量权的拘束力，并不能够直接通过原则的解释予以运用，仍需要通过预防原则、公众参与原则结合具体事实条件对法律规则进行细化，司法对工具性原则的适用就转化为司法对原则指导下法律规则的合法性的审查。因为工具性原则并不直接体现价值判断，司法运用工具性原则进行裁量不具备实质上的正当性。而目的原则则不同，其直接体现了一种社会价值判断，这种目的可能基于社会基本价值，也可能基于国家政策目标，在现实纠纷产生时这种价值判断可以起到定分止争的作用，因此，司法可以通过目的性原则的适用填补法律规则的空白。但目的性原则这种价值判断对行政自由裁量权的拘束力相对较弱，因为行政裁量权本身就来源于法律授权，具备目的与价值上的正当性，用一种价值去裁量另一种价值本身就面临判断上的悖论。综上，作为工具性原则的预防原则与公众参与原则强调了对行政自由裁量权的拘束力，弱化了对司法裁量权的拘束力。这是环境法实践性与现代性的体现，与整个法律实质化趋势有密切的关系。

三　环境法律原则规范性实现路径：拘束力与规范性表达

环境法原则并非可有可无的装饰品，而应当是一种新的法律实践的理性依据和规范。① 《环境保护法》对法律原则的规定使法律原则从学理走向了制定法，实定法中的原则使原则不再是模糊、弹性与宽泛的法理原则，而使之成为区别于道德和一般社会规范的“法律的价值”，并使之成为固化于法律体系之中的内在道德与社会概念，具有应然性的指向作用，② 即实定法使原则获得了法律原则应有的规范性。但是由于《环境保护法》修订时间不长，而且在环境法领域罕有关于环境法律原则效力的学理讨论与司法适用案例，因此仅有实定法上的规定是不充分的，仍需要在实定法的基础之上对原则的规范性进行建构。环境法原则的规范性建构包括两个方面：一是通过学理讨论厘清原则对法律规则的制定、行政自由裁量权、司法自由裁量的法律意义上的拘束力是什么；二是在与目的、规则保持密切联系的基础之上，将法律原则以符合立法技术和形式要求的方式表达出来，即表现为规范性的法律原则条款的设置。

① 柯坚：《环境法原则之思考——比较法视野下的共通性、差异性及其规范性建构》，《中山大学学报》（社会科学版）2011 年第 3 期。

② 柯坚：《环境法原则之思考——比较法视野下的共通性、差异性及其规范性建构》，《中山大学学报》（社会科学版）2011 年第 3 期。

环境法律原则的拘束力在静态上表现为对法律规则的牵引。无论法律规则多么具体与精确，其都是社会规则通则化后而形成的抽象规范。面对纷繁复杂的社会利益冲突，这种抽象规则的运用往往显得力不从心，这时潜藏在规则背后的法律原则就会通过其本身作为最抽象价值标准，结合具体的案件客观条件为法律规则精确化提供一个形式上的框架，在这种框架下法律规则才会变成活的、真实的规则。例如，《环境保护法》第 29 条所规定的生态红线保护规则，该规则内仅规定需要在特殊区域划定生态红线，但划定生态红线的理由、依据、指向是什么并不清楚。如果该规则结合“保护优先”法律原则则会明确地指引出在生态红线内“大范围”公众健康权的优先保护。如此，这一规则的正当性与价值指向就变得非常清晰。规则就不再是一个冰冷的逻辑框架，还是有着法律目的价值的追求的。而环境法律原则动态拘束力则表现为原则对法律规则的适用，即行政自由裁量权、司法自由裁量权的拘束。规则的抽象性赋予了以规则为依据的行政和司法相当的自由裁量权。为保证这一自由裁量权的合目的性，原则同样需要作为法律要素的一种发挥法律意义上的拘束力，以限制行政与司法的自由裁量权。对法律原则拘束力的探讨，并非一种客观的描述，而是依据认识论与方法论进行价值判断的教义学分析，这里法律解释发挥了重要的作用，这种解释不仅仅是司法解释，还包括立法者、法学家、法律工作者对原则拘束力的理论探讨。

法律原则规范性实现的另一方面就是原则的规范性表达。由于原则具有拘束力，通过规则、司法、执法能够对行为人的行为产生现实的影响。那么，其必须以确定的方式对法律的使用者、后续的立法者、法律的规制者产生拘束力，这就意味着其应当如同法律规则的确定性要求一般被清楚地表达出来。原则的含义空间虽然较大，而且十分抽象，但并不意味着其能够摆脱法律确定性束缚，否则，原则表达不规范将造成人们对原则含义理解的错位从而导致对原则拘束力判断失误。仅从这个角度上来讲，即便法律原则在实定法中予以规定，也应当尽可能地明确其含义，否则不利于法律原则拘束力的实现。因为原则拘束力的实现往往是蕴含价值判断的教义学分析，是主观的，原则的表达应尽可能消除主观认识上的不一致。

第二节　环境法律原则的拘束效力探讨

德沃金在《认真对待权利》中指出法律原则有约束力。虽然一个特定的原则并不一定导致特定的结果，但是不能得出结论说原则没有约束力。法律原则约束力并不导致一个特定结果，但它引导着判决的某一个方向，虽然这种引导本身不是决定性的。[①] 我国《环境保护法》中的法律原则体现了立法者的意思，具有法律效力。这就是法律原则的拘束力。环境法原则的拘束力主要表现在以下几个方面：

一 对法律规则的拘束力

环境法律在形式上表现为层级多、规范文件数量庞大、相互之间的联系松散，甚至不少规则相互冲突，也即在本书前文所描述的环境法律的碎片化倾向。虽然如此，但“任何具体规范都应是整体法律秩序的一部分，它在一部法律内部或与其他法律的许多规范都存在内部或外部紧密联系……”[②] 这些法律规则并非凭空联系在一起，而是因为它们秉持共同的价值取向——立法目的。而法律原则将这一抽象的价值取向具体化，并具有工具性的价值，从而引导规范体系的形成。在制定环境规则时，只要立法者从环境法的基本原则出发，就能够将看似不相同的环境法律规则联系在一起，形成具有以价值为灵魂的、具有内在一致性的规则体系，从而保证各个规则不矛盾，并服务于一个统一的价值群或立法目的。一方面，环境法原则所蕴含的价值将分散的法律规则整合成一个有机统一体系。另一方面，在环境法律规范缺位时，原则又可以走向前台，在与具体环境法律事实互动的过程中，不仅产生了适用于当下具体事实的规范，而且，对于此过程形成的具有代表性的规范还可以通过立法程序确立普遍性的规范。从而凭借针对个案的动态规范和转化成的普遍规范极大地扩充环境法规则体系，并使整个环境法体系处于动态与开放的状态，能够有效地应对未来复杂多变的法律现实的挑战。[③]

但这并不意味着环境法律体系中的每一个法律规则都蕴含着环境法基本原则的价值，也并不意味着环境法规则只是这些价值的机械表达。单一的规则仅是从一个微小的侧面反映环境法基本原则的价值要求，同时还可能受到政策、习俗等影响。但是，综合全部环境法规则，则应该能够反映出环境法基本原则的价值追求与环境法目的。这就是本书反复突出和强调

① 赵波：《德沃金的法律原则理论》，硕士学位论文，西南政法大学，2002 年，第 25 页。

② ［德］伯恩·魏德士：《法理学》，丁小春、吴越译，法律出版社 2003 年版，第 67 页。

③ 陈骏业：《行政法基本原则导论》，博士学位论文，苏州大学，2006 年，第 138 页。

的形式理性理论的法律融贯性要求。

二　对行政裁量的拘束力

环境问题的公共性决定了环境问题的解决必然依托于国家环境行政。因此，以环境问题解决为出发点的环境法就必然以行政法律规范为主，这一点已在第一章详细论述。随着环境立法的几何级增长，环境行政权在法律中呈现一种扩张的趋势，主要表现在两个方面：一是环境行政立法权的扩张；二是环境执法自由裁量权的扩张。我国宪法并没有就立法范围问题在立法机关与行政机关之间做出明确的界分，环境保护法单行法中的授权性条款也往往不甚清晰，一般呈概括性授权。如此，环境行政部门就享有范围不确定的、相当广泛的制定行政法规、行政规章以及其他规范性文件的权力，尤其在行政体制改革的背景下，行政机关基于改革所制定的规范往往具有探索性并无上位规范的依据，这样的立法或准立法若无一定的实质性标准作为导向，难免导向恣意。同时，由于环境行政的复杂性与专业性，权力机关更倾向于在法律中赋予环境机关广泛的执法自由裁量权。①

目前学界的主流观点是通过行政程序和司法程序从形式上控制行政自由裁量行为。这里面临两个“瓶颈”：一是环境行政过程中，就相关分歧形成价值共识的难度非常大。将行政机关自由裁量权做出决定的过程寓于正当程序中，行政相关主体在正当的法律程序营造的和平、有序环境下进行讨论与交涉，有可能有效地压缩自由裁量空间，在一些问题上达成合意，并做出合目的的行政决定。但环境法所调整的利益均属于正当利益，双方具有较大的博弈空间，各种利益并非处于绝对的优位。那么，价值共识形成就必然伴随较高的讨论成本，共识往往不可得或者一方固执于自身利益。例如，环境邻避问题的共识形成之困难远超其他公共行政。一旦共识难以形成，那么行政程序拘束力就被极大地消解。二是环境行政的复杂性决定了司法对环境行政审查的深度较浅。司法权与行政权的分离是基本的法治原理，司法权对行政自由裁量权的制约就在于司法对行政的审查。由于行政的专业性，司法同时需要尊重行政的自由裁量权，不得过度干预行政权。因此，司法权与行政权的界限就表现为司法对行政审查的深度。环境行政具有相当的专业性，不同于传统的公共行政，环境行政主体较之

① 陈骏业：《行政法基本原则导论》，博士学位论文，苏州大学，2006年，第138页。

司法机构在信息、技术、证据上具有绝对的优势，扩大了环境行政较之司法权的边界，司法审查很难深入环境行政的实质层面。因此，在环境法律领域通过司法控制行政自由裁量的范围难度较大。

环境法律原则对行政立法及行政执法的自由裁量权均有现实的拘束力，能够与传统行政程序与司法审查等形式配合保障环境行政的合目的性。就行政立法裁量权来说，环境法律原则起到了规范行政立法方向的作用，这与原则对体系的拘束力相似。行政立法所制定的规范一方面需在形式上以上位法为依据，即合法性；另一方面在实质内容追求上应当与环境法的基本原则保持一致，需要接受基本原则的实质上的审视，即合理性。在此，环境法的基本原则主要发挥的是其对于环境法目的的工具性。同时，环境法律原则为行政执法自由裁量行为提供实质性的衡量标准，发挥的是其之于环境法律规则的价值性。环境法原则属于抽象的规则，其不能直接适用，但其一方面可以指导行政规范的选择与适用，另一方面以环境法原则为基础做出行政决定的过程，是抽象的原则与当下现实生活之间互动所形成的“原则+事实条件”并适用于当下生活事实的规则。这一规则体现了实践理性与价值理性的内容，那么，这一事实上的规范就会对具体行政规范的适用——行政执法裁量过程产生现实的拘束力。否则行政执法就会偏离法律所预设的目标，即不满足合理性的要求。以原则为基础做出行政决定的过程并非一个根据规则推导出结论的演绎过程，而是一个在特定条件下具体问题具体分析的高度个性化的过程。

上述认识不仅意味着环境法律原则对行政裁量的拘束力，同时也为对行政实质层面司法审查提供了理论的衔接点。将基本原则引入行政自由裁量领域作为法律依据时，司法权与行政权的边界发生了改变。不应将行政的自由裁量行为定性为一个事实问题，而是一个法律原则与事实相互作用并产生具体规则进而使用规则于具体事实的过程。因此，就不再有理由限制甚至排除司法审查，从而又借助基本原则从司法审查的角度强化了对行政裁量的拘束力。①

三 对法律解释的拘束力

“法律具有解释的性质”②，法律的实施离不开法律解释。通说认为，

---

① 陈骏业：《行政法基本原则导论》，博士学位论文，苏州大学，2006 年，第 138 页。

② 梁迎修：《论法律原则》，硕士学位论文，中国政法大学，2001 年，第 26 页。

法律原则具有漏洞填补功能，当法官遇到疑难案件，没有直接可以使用的法律规范时，可以通过对法律原则的解释展开裁判的证立。此外，法律原则能够对法官解释其他法律规则、概念的真实含义提供基本的引导。有时，具体规范的语言表达并不能真实反映立法者意图——主观立法目的，适用该规范的前提是进行符合形式和理性的解释。而解释的依据就是法律原则所代表的法律精神，法律原则为法律概念的解释提供了一个基本的方向。与此同时，由于立法技术的失误，或立法者在局部上指导思想的失误，或者由于时间的推移、社会的变化，经常造成法律的规范矛盾和价值判断矛盾。这种规范矛盾和价值判断矛盾，在法律实施过程中，必须由法律适用者依据法律原则通过法律解释来加以消除。法律原则对于法律的解释具有相当的拘束力，避免了解释的无序和任意。

法律原则对法律解释的拘束力还体现在法律的推理过程中。法律推理是法律实践中重要的环节之一，任何法律要得以实施，都要经过法律推理这一过程。法律推理的方法分为形式推理和实质推理两大部分。在简单案件中，一般运用形式推理就可以得出结论，但是在复杂案件中，由于作为推理的前提包含两个或两个以上的相互矛盾的命题，那么就必须借助辩证思维来选择出最佳命题以解决法律问题。在实质推理时，往往就需要借助法律原则来做出选择。法律原则在法律体系中的重要功能之一就是为法律推理提供权威性出发点，从而大大降低推理结果不符合法律目的的可能性。法官在补充法律漏洞、运用衡平的方式实现个案公正时，往往都是借助法律解释和法律推理。同时，也正是法律原则对法律解释和法律推理的指导作用，才将法官的自由裁量权限定在合理范围之内。①

特别需要强调的是，由于原则成分复杂，内容相对抽象，法官适用法律原则极易造成司法裁判的道德化与泛政治化。因为法律原则与道德原则具有极强的亲缘性，在司法实践中法官有可能将法律原则偷换成道德原则，从而导致以道德代替法律、诉诸道德为裁判获取民众情感支持的结果。存在法官名义上的是解释和适用法律原则，实质上不过是借法律原则行造法之实的现象。② 从法律的形式理性理论出发，即便是体现法律实质价值追求的法律原则，在法律运作过程中也应实现自我指涉。法律体系的

① 梁迎修：《论法律原则》，硕士学位论文，中国政法大学，2001 年，第 26—28 页。

② 李可：《法律原则作为法律的限度》，《中国地质大学学报》（社会科学版）2007 年第 5 期。

融贯性并非单向的由法律原则引导法律规范，同时，特定的法律规范群同样能够引导法律原则的具体化。因此，在具体案件的法律适用中，结合法律体系中若干法律规范是能够增强法律原则的确定性的。同时结合实定法中的法律基本原则，能够有效地杜绝法官恣意造法。

第三节　环境法律原则条款的规范性表达

现行《环境保护法》第 5 条仅用 20 个字就概括规定了“保护优先”“预防为主”“公众参与”“损害担责”4 项环境法律原则。在现行《环境保护法》颁布实施后，学者就有关原则的内涵与效力进行了学理上的讨论。但遗憾的是，实定法中概括的规定，赋予了原则内容较大的解释空间，对原则的解释各不相同，造成了对原理理解的误差与错位。以“保护优先”原则为例，有学者将其定义为“环境保护优先于环境开发利用”，也有其他学者将其定义为“环境风险决策中的环境保护优先”。可见不同学者对原则的理解差异巨大，这种差异已经超越了原则解释所能承受的范围，已经形成关于原则本质属性认识上的差异。因此，依照法律的形式理性理论，这种实定法上原则的概括表达方式并不能为法律阅读者提供规范性的预期，消解了法律原则的规范性，同时亦不能准确表达原则的拘束力。因此，本节重点从立法技术的角度讨论法律原则的外在表现形式——法律原则条款的规范性表达。

一　原则条款是法律原则拘束力的形式依据

法律原则条款是法律原则在法律文本中的语言表达形式，法律原则条款与法律原则是形式与内容的关系。在很大程度上，原则条款的语言表述就是原则的应然含义，超出原则条款语言含义的部分有理由拒绝推导为法律原则的真实内容。因为这种超出语言表述的部分并未通过立法者的意思用文本的形式表述出来，从而不具备法律所赋予的规范性与强制性。那种原则仅仅是停留在法学家脑中的原则，不会在现实生活中发挥真实的作用。因此，法律原则条款所表述的内容就是法律原则本身。

如前文所述，根据法律的融贯性理论，在解释和证立法律原则时，可以依据法律目的的正向推论与法律规则的反向推论。因为法律原则是法律目的的具体化和工具化。因此，可以从法律目的正向推导出法律原则的含义。法律原则是法律规则群体的抽象，法律原则对法律规则具有价值牵引作用。若干法律规则也反向体现了原则的内容，当选取的法律规则数量、范围充分时，即可推导出相应的法律原则，这就是法律规则的反向推论。但在上述推论过程中，立法者、司法者、执法者自由裁量空间非常大。因为目的是高度抽象的，正如法律原则多种类型化标准一样，依据不同的具体化标准可以推导出多种法律原则。而通过法律规则反向推论时，依据所选择规则群体的范围和规则所体现的价值分类标准的不同，也有相当大的解释空间。在现代法律呈现实质化趋势下，法律规则碎片化程度越来越高，这给推导原则的内涵造成相当大的难度。为解决原则不确定性问题，需要在实定法中直接规定法律原则本身，通过法律文本的语言来限制原则阐释的恣意。

不仅是大陆法系国家，英美法系国家也普遍采用成文法的方式对部门法中的法律原则予以明示，这已经成为世界范围所普遍采用的法律原则表达方式。在我国，不仅是环境保护法，其他领域的法律早已经将法律原则条款化，如《民法典》第5—7条规定“民事主体从事民事活动，应当遵循自愿原则，按照自己的意思设立、变更、终止民事法律关系”，“民事主体从事民事活动，应当遵循公平原则，合理确定各方的权利和义务”，“民事主体从事民事活动，应当遵循诚信原则，秉持诚实，恪守承诺”。《行政处罚法》第5条规定“行政处罚遵循公正、公开的原则”。上述均是法律原则条款化的表达，条款中的文字成为解释法律原则的最主要依据，而法律目的、法律规则推导解释则退居其次，成为原则含义阐释的辅助条件。

二　原则条款的确定性要求

既然原则条款成为法律原则规范性实现的形式依据，那么原则条款的设置不可随意，应防止原则条款泛滥而导致对原则本身规范性的破坏。原则条款在我国立法当中比较普遍，但也面临较大的问题。徐国栋教授指出：“在立法中出现的原则恐怕不仅是一种价值宣示性的东西，它应该是某种立法技术特征，承担着不只价值宣示的其他功能。但原则的泛滥在当代中国的各法律部门绝不是个别现象，存在原则随意设置与原则条款滥用的现象。”① 汪全胜教授等认为，要消除法律原则滥用的现象，首先要解

① 徐国栋：《民法基本原则解释》，中国政法大学出版社1992年版，第67页。

决原则条款的规范性问题。他认为原则条款的设置应包括以下几个方面的要求：一是原则条款的语言表述应当尽可能准确。虽然法的原则比法的规则更为抽象、宏观，但并不是不可把握的，立法者在设计法的原则条款时，要注意法的原则条款语言表达的凝练，同时用词应当精确从而避免原则条款的空泛，避免与真实的法律原则相脱节。二是原则条款的位置设置要科学。原则条款作为部门法整体的条款，就应该放在法的总则位置，放在立法目的和依据之后。三是要求语词的用法要规范。用语的规范不仅标志着一个学科的成熟程度，也决定了对外界事物认识的准确性，决定了规则的准确程度。原则作为最为抽象的法律规范，其表达往往寥寥数词，这对语词的规范性提出了更高的要求。①

具体到环境法原则来看，《环境保护法》第 6 条规定的原则条款位置符合上述要求，问题在于仅有 4 字构成的词汇难以准确表达原则的真实含义。“保护优先”原则、“预防为主”原则、“损害担责”原则均存在表达不够精确的问题。以预防原则为例，有学者将其解释为危险预防和风险预防的统一，还有学者仅解释为危险的预防。对于“损害担责”原则，有学者将其解释为“造成环境损害的应当承担相应的法律责任”，而中华人民共和国《环境保护法释义》则将该原则进行扩大解释认为其还涵盖“对环境实施损害之行为，但尚未造成现实的损害也应承担责任”②。造成上述学者甚至官方法律解释不一致的关键就在于，原则条款表述不清，用词不够精确和规范。

麦考米克与德沃金均认为法律原则属于抽象的法律规则，只不过其不能直接引导行为，而是通过标准的规则予以间接引导，其可以称为规则的规则。从这个意义上来讲，法律原则同样有确定性的要求，需要具有能够为人们的行动提供一个相对明确与肯定的结论并得出一个明确答案的功能。目前《环境保护法》所采用的原则规范的表述方式显然并不能给出一个明确的答案。如果立法者不是有意模糊环境法律原则的内容的话，欲通过法律原则条款表达立法者主观上已经确定的法律原则，那么法律原则条款的设置与表达则完全是一个立法技术问题。

① 汪全胜、张鹏：《法律文本中“法的原则”条款的设置论析》，《山东大学学报》（社会科学版）2014 年第 1 期。

② 信春鹰主编：《中华人民共和国环境保护法释义》，法律出版社 2014 年版，第 20 页。

三　环境法律原则条款的设置技术

大陆法系国家与英美法系国家采用了不同的法律原则表达技术。英美法系国家一般并不直接在成文法中规定法律原则。原因在于，英美法系主导的是经验逻辑，判例在法律中发挥了重要的作用，环境法原则主要是指法官在司法活动中通过判例形成的一些适用于环境司法的普通法原则。美国 1969 年《国家环境政策法》、加拿大 1988 年《环境保护法》等重要环境立法，尽管包含预防、公众参与等环境法原则的思想，但在立法中并没有直接以环境法原则的形式予以确认。大陆法系国家则不同，其强调建构理性，在立法中往往对法律原则予以明示。我国法律形式上接近大陆法系，因此，大陆法系有关法律原则的立法技术值得我国借鉴。在此，以法国《环境法典》原则条款为例，以阐释大陆法系国家的原则立法技术。法国《环境法典》第 101 条规定：

> “…………
>
> 1. 预防为主原则
>
> 根据这一原则，不允许以缺乏足够的科学技术知识因而无把握为借口延误时机，在费用可接受的范围内，不对可能造成环境重大损失的、无法避免的可预见灾害及时采取适当的防治措施。
>
> 2. 采取预防和纠正并举的原则
>
> 在费用开支可接受的范围内，适用现有的最好技术，及时开展对给环境造成损害的灾害的预防和补救行动。主要侧重于从源头治理。
>
> 3. 谁污染谁治理的原则
>
> 根据这一原则，为预防污染、减少污染以及同污染作斗争所采取的一切措施引起的费用，应由污染的制造者承担。
>
> 4. 参与原则
>
> 人人有权获得有关环境信息的各种信息，其中主要包括有关可能对环境造成危害的危险物质以及危险行为的信息。
>
> …………”①

① 赵国青主编：《外国环境法选编》（第 1 辑），中国政法大学出版社 2000 年版，第 618—619 页。

通过上述条款可以看出，法国《环境法典》采取了一种概括列举+描述界定的立法技术。[①] 与我国《环境保护法》类似，用数个词语概括一项原则，如条款中的“预防为主原则”“预防和纠正并举原则”“谁污染谁治理原则”“参与原则”。这种概括列举的方式增加了原则条款的简洁性，突出了原则较之法律规则的抽象性，同时在下位立法、司法、执法中有助于援引原则的便利和交流的通畅。概括列举虽然增加原则条款的简洁性和交流上的便利性，但寥寥数词难以准确表达出原则的含义和条件限制。我国《环境保护法》原则条款即面临原则表达不确定的问题。法国《环境法典》在概括列举的同时，通过描述界定的方式，对概括的描述进行细化和限制，实现更为精准的表达。以上文中的“预防为主原则为例”，其后的描述界定“不允许以缺乏足够的科学技术知识因而无把握为借口延误时机，在费用可接受的范围内，不对可能造成环境重大损失的、无法避免的可预见灾害及时采取适当的防治措施”，将预防为主原则的最基本内容限定为风险预防，同时对风险预防的边界进行了限定，即“在费用可接受的范围内”。而对“谁污染谁治理原则”通过描述界定限定为“污染治理费用的承担，而非行政、刑事法律责任的承担”；将参与原则限定为“环境信息获得”，而非直接参与环境行政与环境行政决策。尤其是“参与原则”，仅通过字面很难将其理解为狭窄的“环境信息获得”，但通过界定描述就将立法者对原则的理解完全体现出来了。这种概括列举+描述界定的立法技术满足了原则条款的简洁性、可交流性与精确性的要求。

未来我国《环境保护法》或《环境法典》原则条款设置应当借鉴这一概括列举+描述界定的立法技术。用一个名词短语抽象表述一项原则，即“保护优先”“预防为主”“公众参与”“损害担责”，以便于下位法及规范的引用，使整个体系内法律条文更为凝练简洁，再结合描述性文字用以描述原则的具体内容，进而使原则的内容更为明确。以“保护优先”原则为例，可仍保留“保护优先”原则这一名词短语，但必须辅以说明条款阐述保护优先的具体含义，尤其应明确保护优先所适用的条件，明确保护优先所适用的“特殊区域”。由于“保护优先”属于政策性原则，与政策保持高度的一致性，因此，在说明性条款中应留下相当的政策发展空

---

① 竺效：《论中国环境法基本原则的立法发展与再发展》，《华东政法大学学报》2014 年第 3 期。

间，不宜将“特殊区域”限制过于严格而缺少对未来政策变化的考量。可拟将“保护优先”原则条款表达为：“环境优先原则，依据该原则，在关系全国及大范围生态安全区域，为保障国民生存和发展，在规划和决策时应优先考虑环境保护的需要。”

第六章

形式理性下环境法律规则确定性的实现

法律规则是法律体系中的最基本要素，无论法律目标所欲实现的价值理念、工具性原则如何，最后均需要通过法律规则发挥功能。依据法律形式理性理论，融贯性的要求只能通过法律规则的内容予以实现，法律规则的形式与结构是封闭和固定的。这也是法律系统规范性预期功能得以发挥所依赖的。本书的第三章中通过规范分析发现，我国环境立法存在术语不精确、法律规则结构不完整、法律规则内容的确定性不足等法律规范形式与结构问题，上述问题已经影响到我国环境法律实施与适用中的实质理性追求。本书第四章、第五章，已经对我国环境立法目的条款、原则条款中的术语、概念、表达进行了阐释。本章将重点对授权性规范、义务性规范与技术概念进行重点讨论。

法律规则在环境法律体系中形态纷繁复杂，与凯尔森、哈特时期的规则形式早已不可同日而语，尤其是我国政策与法律的交融，致使法律规范状况更为复杂。同时，环境立法体系庞大，不可能对整个体系中三类内容逐一梳理。有必要对法律规则进行更具针对性的分析，本书着重选取了环境领域问题最为突出的 3 个确定性问题进行讨论，即环境行政赋权性规则确定性、环境义务性规则确定性与技术性概念确定性。

第一节　环境法律规则确定性的意义

一　宜粗不宜细的案例反思

自 2017 年《行政诉讼法》修改以来，环境行政公益诉讼案件逐年增多，其中要求各级人民政府依法履行生活垃圾治理责任的占有相当数量。裁判文书中大致可以反映《固体废物污染环境防治法》规则与司法适用之间的互动关系。其中“某人民检察院诉某乡人民政府不履行法定职责一案”最具代表性。

A 市检察院发现 B 乡境内存在擅自倾倒、堆放生活垃圾的情况，垃圾处理场位于松花江河道管理范围。A 市检察院发出检查建议书，建议 B 乡政府依法履行监管职责，对垃圾堆放场进行治理。A 市检察院经三次复查，认定 B 乡人民政府未实际依法履行监管职责，对垃圾场未进行彻底整治，公共利益仍处于持续损害之中。故向 A 市人民法院提起公益诉讼，要求确认乡政府不履行监管职责违法，并判令被告立即履行监管职责，并对违法形成的垃圾场进行治理，恢复原有的生态环境。被告辩称乡政府没有对河道垃圾的监管职责，监管主体为河道管理机关。一审法院认为被告乡政府只对事项负有管理职责，监管职责应由有关行政主管部门行使，被告乡政府不是适格被告，驳回公益诉讼人的起诉。A 市检察院上诉至长春市中级人民法院，诉称依据《固体废物污染环境防治法》第 49 条和地方有关条例与政府规章的规定，B 乡政府对生活垃圾分类处置、防止生活垃圾对环境造成污染有明确的职责，一审法院混淆“管理”与“监管”的概念。二审法院 C 市中级人民法院认为，司法机关无权对所有的行政行为进行监督和规制。运用公共权力使用公共资金，组织相关部门对生态环境进行治理并不属于司法调整范围，目前行政诉讼的受案范围限定为行政机关运用权力对破坏生态环境的违法行为进行监督管理。《行政诉讼法》第 25 条第 4 款“监督管理职责”不包括“运用公共权力使用公共资金，组织有关部门对生态环境进行治理”的管理职责（治理责任），仅应指行政机关依法依据法律、法规或者规章明确授权行使的监督管理职责。法院认为，《固体废物污染环境防治法》第 49 条和地方立法将对环境保护违法行为监督处罚的主体限定为县级以上人民政府，仅是宏观规定了其负责辖区内的环境保护工作，没有具体明确如何负责。《A 省生态环境保护工作职责规定（试行）》虽明确了乡政府的管理职责，但未明确乡政府具体履行的内容。同时，文件规定乡政府的职责履行由上级政府按照文件规定进行奖励及问责，与《行政诉讼法》第 25 条规定监督管理职责不同，不受《行政诉讼法》调整。法院认定 B 乡政府是否有清理垃圾的职责不受《行政诉讼法》调整；B 乡政府不是履行环境违法行为监管和处罚的责任主体，因此裁定上诉理由不成立。

此案中，法院秉持了司法谦抑的态度，对《行政诉讼法》第 25 条第

4款的“监督管理职责”做缩限解释。第一，排除了抽象的环境治理责任；第二，职责需来源于法律明确授权，而非宏观授权；第三，职责需有具体履行职责的内容；第四，职责所对应的责任为法律责任。法院对“监督管理职责”做严格解释不无道理。“司法审查有限原则”要求行政诉讼中司法权在监督行政权的时候，介入行政权领域的深度和广度必须保持一个限度，旨在保证行政权的形式有足以控制社会秩序的基本效率。[①] 而司法权介入的深度和广度表现为受案范围、原告资格与审查范围受限。我国环境保护法律体系中存在大量的抽象职责性条款，如《环境保护法》第6条第2款规定“地方各级人民政府应当对本行政区域的环境质量负责”。此条抽象规定能够引申出地方各级人民对行政区域内环境污染的治理。倘若以此作为行政公益诉讼中“法定职责”来源，那么，政府显然面临全社会诉讼的风险，也并不符合公益诉讼设置的初衷。在未有充分、确定法律规则的支撑条件下，司法的盲目介入意味着环境司法需要被迫在专业信息不充分的前提之下介入其并不擅长的经济与环境利益的取舍与衡平事务之中。这不仅无助于纠纷的解决，更有违现代分权模式下行政权与司法权的专业分工。但另一方面，行政公益诉讼之目的是救济公共利益损害，督促行政机关履行法定职责。2017年《行政诉讼法》的修改虽确立了行政公益诉讼的基本框架，起诉资格予以放宽，但行政诉讼基本定位仍未进行实质变更，仍基于主观诉讼的逻辑设定受案范围与审查范围。如果法院在主观诉讼逻辑之上继续对“监督管理职责”做缩限解释，可能导致部分行政不作为引发的公益损害无法纳入司法关照的视野，不免有违行政公益诉讼初衷之虞。故，C市中级人民法院并未明确将抽象的环境治理责任具体归类于哪一条不可诉行政行为。《行政诉讼法》中主观诉讼逻辑与公益诉讼条款所形成的“内错裂形态”[②] 是造成法院受案态度摇摆甚至恣意的主要原因。

这种“内错裂形态”的解决显然超出了解释论涵摄范围，需要行政诉讼法学与环境法学通力从立法论的角度予以完善。在程序法上，《行政诉讼法》2017年刚刚予以修改，基于法律的稳定性与行政公益诉讼实践尚需积累经验，在中短期内再次对行政诉讼法进行较大修改可能性极小。

---

① 章剑生：《现代行政法总论》，法律出版社2014年版，第55页。

② 薛刚凌、杨欣：《论我国行政诉讼构造：“主观诉讼”抑或“客观诉讼”》，《行政法学研究》2013年第4期。

具体到本案中，《固体废物污染环境防治法》及地方立法对行政主体职责的规定是否具体、明确直接影响到其能否纳入诉讼范围之内，继而决定司法权能否督促行政权对公共利益的损害进行积极治理。倘若相关法律规则对环境治理责任的履行附带了合理期限，那么宏观授权性规定将转化为具象的职责规定，法院仅通过合法性的审查即可将其纳入行政公益诉讼的受案范围。这些问题并非一般意义上的环境监督管理体制实质研究，而是在立法学之下的确定性研究，其仅是确定性命题在司法意义上的体现。在环境执法实践中，执法机关常说“环境法律不够细致、太过原则缺乏可操作性，没有环境政策好用”。“法律没有政策管用”的主要原因就在于环境法律不够清晰、具体，不能够像环境政策一般对一线行政执法提供行为标准。这些问题亦是环境法律确定性命题在法律预期与执法意义上的体现。可以明显地发现环境法律确定性命题并非一种可有可无的、抽象的价值命题，而是决定环境法律能否真正可用，能否真正促使环境法律从纸面走向现实的实践性命题。

二　环境法规则确定性的意义

正如托依布纳所述，“法律的不确定性像法律本身一样古老”①。法律的确定性命题属于法理学传统命题，始终是各个法学流派论证的核心命题。② 但这并不意味着法理学的价值论证已足，更不意味着环境法学对确定性的关注无必要。恰恰相反，环境法学对确定性命题的关注是部门法对法理学研究成果的检验与升华，亦是法理学质料的实践来源。这也正是法理学与部门法学分工之所在。纯粹抽象的定性描述使许多法理学中方向性的建议裹挟在价值争论之中而不为实证法研究所知晓。环境法律确定性命题的提出并非纯粹价值理论的逻辑推演，而有着实践意义，而这种意义的揭示正是部门法学者的使命之一。作为现代法律代表的环境法，其社会功能、内在价值与实践意义就蕴藏在法律规则的确定性之中，待由我们所揭示。

---

① ［德］贡塔·托依布纳：《法律：一个自创生系统》，张骐译，北京大学出版社2004年版，第3页。

② 黄金荣：《法的形式理性论——以法之确定性命题为中心》，《比较法研究》2000年第3期。

（一）确定性的社会意义：社会合作与沟通的前提

卢曼认为，现代社会不同于“分割分化”与“分层分化”的前现代社会而呈现“功能分化”的面貌，政治、宗教、道德、科学、经济、法律等各个功能系统各自独立并相互作用，价值多元与社会分化成为现代社会发展的主旋律。当系统分工与价值多元日趋细化的同时，合作与沟通则越发困难。系统之间、社会成员之间需要对自身行为的可能性后果及他人对行为的可能性反应有预期，进而才可能进行有效的合作与沟通。卢曼认为现代法律是专司这种预期功能的子系统，将法理解为“依赖于规范行为预期的一致一般化的社会系统的结构”，法的功能在于实现规范性预期的稳定。① 现代法律通过预设争议与争议处理模式，将社会分化带来的不确定性转化为形式上的确定性，为社会成员提供了确定的行为预期，从而降低了社会系统整体运作的判断成本，像社会的免疫系统一般弥补了社会对于分化所带来抗干扰能力低下的缺陷。②

在环境保护领域，政治、科学、道德、法律等因素的综合作用决定了环保行动能否既满足社会的价值判断又符合自然界的客观规律。在这个意义上，对环境问题的理解将从单一的“政治问题”“经济问题”“科学问题”抑或“法律问题”转化为各个因素相互作用不足的问题，即卢曼所描述的“系统间耦合不足”。环境法律的确定性在形式上保证了“系统间耦合”前提的可能性——预期的可能性。唯有环境法律给各系统提供确定性的预期，方能实现各系统的同频共振进而实现环境法律目的。以铅蓄电池回收为例，《固体废物污染环境防治法》虽将废铅蓄电池纳入《国家危险废物名录》，但仅规定了废铅蓄电池回收经营单位的回收和处置义务，并未明确规定个人在日常生活中所产生的危险废弃物的转交或处置义务。虽然铅蓄电池的回收体系、处理技术、成本核算已经比较成熟，但公民行为缺少预期性致使企业家对电池回收市场投资持观望态度，阻碍了回收技术成本的降低与回收网络的组建，以至于纳入合法收集网络的铅蓄电池不足总量的30%，非法回收大量侵蚀合法市场空间。企业家坦言，手里大量的闲置资金欲投入电池回收领域，但担心非法回收的恶性竞争与政策的不稳定，故持币观望。显然，当环境法律给相关主体提供清晰预期

---

① 鲁楠、陆宇峰：《卢曼社会系统论视野中的法律自治》，《清华法学》2008年第2期。

② 鲁楠、陆宇峰：《卢曼社会系统论视野中的法律自治》，《清华法学》2008年第2期。

时，市场、科技、公众自会判断从而采取相应的行为，各个领域有效的系统互动得以可能。法律的预期功能并非像法理通说中仅仅对个人行为进行引导这般简单，而是决定了社会分工之下的通力合作与价值沟通是否可能。

特别需要强调的是，确定性的环境法律规则所产生的预期自环境法律立法颁布之时就经由法律的普遍性而在法律适用的全部范围内得以建立。环境法律的实施仅仅是强化了这种预期效力。当然，如果立法得不到实施或者违法普遍性地未受到法律的惩罚，就会消解立法所建立的预期。

（二）确定性的价值意义：权力拘束与权利保障

从环境法的历史沿革来看，在利益衡平的过程中，以环境公共利益为代表的行政权力对以经济利益为代表的财产权从未获得也不应当获得绝对的优势地位。环境法学中常常提及"公共信托理论""共同财产理论""生存权理论""发展权理论"，本质上均是对环境行政干预具有传统正当性的财产权所做的合宪性论证。即便是被誉为环境法领域中的"帝王原则"——预防原则，亦存在效力边界，受到公法上"合比例原则"的限制。上述理论作为环境法学理论的基石，本质上包含了对环境行政权力恣意的警惕。环境行政权力倘若一直合目的地运行，根本无须环境法存在即可实现民主制度所赋予之目标。正是权力"必要的恶"的属性决定了权力恣意化、人格化、趋利化潜在的可能性，才需要法律与其相伴相生，规制其"恶"的一面。而确定性正是法律对权力控制的核心。确定性意味着对法律概念、规则语义空间的限制，虽难以达至德沃金"唯一正解"的理想状态，但限制了语境变化所带来理解上的潜在可能性。而公众对语义的共同理解限制了权力对语境的选择，经由语义的中介权利对于权力控制的价值命题才能够转化实体的制度与程序安排。例如，《水法》《水污染防治法》中规定了入河排污口的设置需征求水行政主管部门的"同意"，"同意"一词可基于不同语境产生"口头同意""书面通知""行政许可"三种理解。① 行政机关可以通过选择不同语境下的理解规避或对抗公众监督，甚至进行权力扩张，法律的权力拘束效果也就荡然无存。若"同意"修改为"许可"，这种语义变化的潜在可能性就被消除，恣意解

① 杜群、杜寅：《水保护法律体系的冲突与协调——以入河排污口监督管理为切入点》，《武汉大学学报》（哲学社会科学版）2016 年第 1 期。

释将违背公众对法律的一般性理解，权利对于权力的恣意的制约进而将获得法律的授权。事实上，所谓法律相对自治性，本质上即法律语义对权力话语及伦理话语的相对阻隔，公众所持共同的语义成为连接民主力量的中介。权力运作在外观上只要违背共同的语义，就意味着权力违背了授予其正当性的民主制度而陷入不法。

笼统的法律授权与抽象的义务性规定必然导致行政权力利用语义的不确定空间违背权力设置的初衷而陷入利益争夺。多少“选择性执法”的背后，都借由法律上的说辞，成为公权力突破法律框架限制的借口。而权力恣意的后果要么是权力跨越法律的边界，过度限制财产权或自由，要么是权力怠于履行法定职责致使公共利益受损。在环境法领域，前者意味着企业财产权的被剥夺或运营成本的增加，后者则意味着公民的环境权丧失其内容实现的公共条件。在这个意义上，权利拘束与权利的保障是一体两面。权力没有自身的目的，其设置与运作在现代法治意义下就是为了保障权利的实现，而法律的确定性正是权力合目的运作的关键。

（三）确定性的实践意义：法律规则的可司法性

有数据反映，某省2009—2013年环境行政一审案件中，近300件判决书中无一援引环境实体法。[①] 这表明在环境行政纠纷进入司法程序后，实体法可操作性不足并不能作为解决纠纷的依据，作为“行政管理法”的特征明显。[②] 笔者对2017—2018年的与生活垃圾治理有关行政公益诉讼案件进行梳理，结果显示上述问题仍未得到明显改变。不足25%的案件援引了《固体废物污染环境防治法》相关条款作为裁判依据，55%的案件援引《环境保护法》第6条关于政府抽象环保义务的规定。这意味着75%的案件可能将在无具体实体法支撑的情况下进行裁判。这不禁令人思考，是什么导致法官不愿援引《固体废物污染环境防治法》等环境实体法。另一组数据或许能够回答这一问题。47%的案件在未援引《固体废物污染环境防治法》的前提下援引了地方环境立法中的具体规定作为裁判依据。让法院放弃援引《固体废物污染环境防治法》而诉诸地方立法的根本原因在于地方立法对于政府职责或义务的规定更为具体、清晰，

① 吕忠梅：《环境行政司法：问题与对策——以实证分析为视角》，《法律适用》2014年第4期。

② 吕忠梅：《环境行政司法：问题与对策——以实证分析为视角》，《法律适用》2014年第4期。

能够作为司法证立的依据。而《固体废物污染环境防治法》第 17 条、第 40 条、第 41 条有关政府职责的规定太过宏观，并不能澄清案件纠纷的核心焦点。当不确定的规则被援引时，法官就需要就规则与纠纷之间巨大的实质鸿沟进行填补，而填补的质料更多的是基于社会效果与政策需求的考量。但法官在价值共识匮乏的环保领域预判社会效果以及准确把握政策中的利益考量谈何容易。无论在认识视野还是方法工具上，法官并不具备抛开法律规则对纠纷进行实质性判断的能力。即便运用抽象的法律规则证立了规则与事实之间的逻辑，环境司法裁判仍缺少个案的说服力，并且极易堕入以公共利益（环保利益）为绝对优先的治理型司法之中。因此，法官显然更倾向于应用与案件纠纷更加贴近的、更加具体、更加细化的地方立法。这也意味着，确定性直接决定了规则能否应用在司法裁判之中，能否对纠纷的解决提供具体的指导。

可能有学者会质疑，法官对抽象规则的解释过程能够增强规则确定性，且赋予更大的裁量空间使环境法时效性更强。这里需区分疑难案件与一般案件。诉讼中绝大部分为一般案件，仅需要一般的逻辑涵摄即可完成，并不需要法官对规则的解释。但环境司法中，法官需要对规则进行解释后才能够适用，这意味着实体规则并没有承担证立减负的功能，其先天设计存在缺陷——根本没有考虑司法的面向，其仅仅是行政管理法。在垃圾治理行政公益诉讼案例中，存在同案不同判的情况，恰恰是因为《固体废物污染环境防治法》条款太过抽象而法官被赋予过度的自由裁量权，致使不同的法官基于不同因素的考量而得出不同的结论。

第二节　环境法律规则的类型分析

无数的具体环境法律规则构成了环境法整体，这些规则的实施成为联系规范与事实的纽带。环境法内法律规则数量庞大，不可能也无必要一一分析解决规则的确定性问题。这里采用类型化分析的方式，将环境法律规则归类并提出针对性的建议。按照不同的标准或者从不同的角度，可以对规则作出各种分类。例如，按照调整社会关系的不同，分为宪法规则、民法规则、刑法规则、行政法规则；按照效力来源的不同，分为宪法规则、法律规则、行政法规则等；按照强制性的不同，分为强制性规则与任意性规则；按照规则的功能不同，分为调整性规则与构成性规则。作为面向实践、以问题为导向的环境法，上述分类并不能很好地阐释环境法律规则所面临的确定性问题和提出针对性的解决路径。在此，采用传统的赋权性规则与义务性规则的划分，原因在于绝大部分环境法规则直接体现赋权与义务的特征，这一划分较充分地暴露出环境法规则中的问题，同时根据法律形式理性要求，与规则的确定性、系统结构的封闭性要求契合度较高。

一 环境法中的赋权性规则及其特征

法律必然具有滞后性和局限性，不可能充分考虑到每个具体现实情况，将每个具体的社会关系转化为法律义务规则。如此赋权性规则便应运而生。哈特认为赋权性规则是一种事后确定的规则，通过执法者与法官自由裁量权的行使才能确定具体的义务，赋权性规则为纷繁的社会关系调整提供了一种空间，在这一空间中法律拥有较大的现实张力，不必事无巨细地规定为严格的义务性规则。赋权性规则更多地体现为主动、自愿地从事各种行为，行使法律上的自由和权利，当权利或自由实现遇到阻碍时，可以通过司法权或行政权做出裁量，推导出具体的义务从而保障权利内容的实现。哈特依据赋权的主体将赋权性规则分类为赋予权利的规则和赋予权力的规则。赋予权利的法律规则是赋予公民行为自由的空间，其结构是“权利→自由行动→义务”。而赋予权力的法律规则是指对司法、行政机关所赋予的自由裁量权，其结构是“权力→自由裁量权→义务和责任”。从法治的角度来看，这种权力意味着一种责任的形成。因为，权力的对象最终将指向对公民行动自由空间的限制和公民利益的剥夺，需要严格认真对待，一般从合宪性、正当性、合法性、程序等方面进行限制。赋权性规则体现了法律规则在社会现实秩序中的实践基础，因为其具体实现需要依靠的是法官、行政官员自由裁量权的行使，以及具体条件下的司法裁判与行政决策。从这个角度来理解，赋权性规则强调形式上的可司法性、可裁判性，权利通过裁判最终化约为具体的义务，这实际上是法官通过司法对具体案件进行的具体立法。但并非所有现实存在的“权利”都能通过赋权性规则予以表达，只有那些能够通过司法裁判不至于引起新的纠纷的权利才能转变为赋权性规则。这同时也是法律系统自治性在赋权性规则领域的表现。

环境保护的公共性决定国家环境行政发挥关键性的作用。那么，作为调整环境保护法律关系的环境法，必然是以行政规范为主导的。环境问题的现代性与突发性决定了相对滞后的传统行政法与行政组织法难以及时调整以应对环境问题。如此，环境法不同于传统行政法与组织法的两分，在立法内容中既有行政机构的设置及其职责、职权的规定，同时存在对公民、企业义务的规定。最为典型的代表即为美国 1969 年《环境政策法》，其主要内容就是设置环境委员会与其职责、职权。就我国《环境保护法》及相关单行法来看，其均在总则部分规定了大量的行政职权、职权条款。以 2014 年修订的《环境保护法》为例，第一、二、三、四章基本是行政主体的职责或职权条款。较之大量的赋予权力的规则，环境法赋予权利的规则相对较少。原因在于，环境保护法的公法属性决定了其对公民权利的规定多为公法上的程序性权利。这种权利在行政许可法、行政程序法中已有明确规定，无须环境法重复规定。仅需要在环境法中规定其特有的权利即可，最典型的如环境信息知情权、公众参与权等。而环境法学长期呼吁的私权，如“环境权”，则由于权利内容、范围、边界不甚清楚，面临立法上的“瓶颈”，并未在我国《环境保护法》中体现。因此，单纯从赋权法律规则的角度来看，环境法赋权性规则突出表现为赋予环境行政机关权力的规则居多，赋予公民权利的规则相对较少。行政赋权法律规则构成环境法赋权性规则的最主要组成部分，这也是本章选择行政赋权性规则的原因之一。

从问题角度出发，环境法中赋权性规则的问题主要表现为行政主体职责规则与职权规则的混同，在环境法条款中措词模糊导致法律规则并不能为行为提供一种规范性预期。不同主体从自身利益角度出发，对赋权性规则解读产生质的偏差，加剧了行政主体与行政相对人之间的利益冲突，同时造成赋权性规则不能通过司法与行政自由裁量权转化为义务规则，使其难以真正落实。

二　环境法中的义务性规则及其特征

义务性规则是向义务人强加一种义务，这种义务以制裁为后盾，此类规范的功能是提供制裁，通过制裁对人的行为提供可预期的指导。义务意味着一种规范的、有限的、可预期的暴力，给生活提供了比较多的可预测性，使生活获得了相对的确定性。社会秩序的安全与稳定就建立在这种确定性上。明确、清晰的义务性规则从形式上保证了法院判决的一致性，为卢曼“规范性预期的稳定”提供微观的结构支撑。在整个法律系统中，义务性规则是最为核心和关键的系统结构，即便现代立法包括大量的赋权性规则，但其最终需要通过司法或自由裁量权化约为特定的义务性规则。环境保护法律规范体系亦是如此，尽管存在相当数量的行政主体赋权规范，但需要配套的行政主体义务规范才能保障行政主体赋权规范的实现，同时通过行政相对人义务规范最终保障法律所预设之目的能够转化现实的社会秩序。

在环境法规范体系中，义务性规则包括两种：一是行政主体的义务性规则，多表现为行政主体的职责规定与程序性义务规定；二是包括公民、企事业单位在内的行政相对人的义务性规则，表现为要求行政相对人禁止或必须为特定行为的规定。从《环境保护法》与单行法来看，环境法中的义务性规则主要是公民、企业等行政相对人的义务性规则。

从形式理性的角度来看，我国环境法“不好用”“牙齿不锋利”“不像法”等现象的主要原因就在于，环境法系统中最基本的义务性规则确定性不足。在法律适用的过程中给予权力机关较大的裁量权，较之政策条款明显不够具体，可操作性不强。因此，在义务性规则的执法过程中，行政机关往往倾向于选择同样具备正当性而且更具操作性的环境政策。这是导致环境行政机关执法懈怠的一个重要客观原因。就义务性规则的确定性问题而言，行政主体义务规则与行政相对人义务规则所呈现的问题并不相同，应区分对待。行政主体的义务性规则的问题仍涵盖在前文中所述的行政主体职权与职责规定的混淆中，从义务性规则的角度看，其义务性质不明，可以与前述行政主体赋权性规则的确定性问题合并讨论。而行政相对人的义务性规则问题主要表现为规则结构不完整、确定性内容不足等。

三 作为法律规则内容的“技术概念”

通说认为，环境法较之传统法律部门，具有较强的科学技术性。环境保护须采取自然科学的、工程技术的、经济的等各种手段，环境法作为规制上述手段之法律，条款中必然会出现大量的科学技术性的概念，如环境保护规划、主体功能区划、环境标准、污染排放标准、环境保护名录等，均以各种技术指标为标志性内容，例如氨氮含量、重金属含量、有机物含量等。从表面上看，似乎这类概念及其所对应的技术文件与传统法学的概念存在较大的差别。甚至有学者将涉及上述概念的规则直接称为环境保护技术规范。此种认识甚为不妥，上述概念虽然指向了包含相当科学技术的文件，但法律规则以行为模式和法律后果为结构，其作用的对象只能是人的行为。上述所谓的“技术性规范”仍然指向的是人的行为，如规划的制定方式、制定程序、制定内容等，并非指向无意识的“物”。法律体系中只有法律规则，没有任何其他的规则。技术性规范仅存在于非法律的技术性文件中。上述认识混淆了与技术规范相关的法律规则和技术性文件中技术规范本身之间的关系。因此，包括主体功能区划、环境标准、环保名录在内的技术性概念仅是法律规则内容中的一部分。

那么，这些“技术性概念”与法律中的其他概念是否存在不同呢？从法律形式理性角度来看，技术性概念与一般概念并没有本质区别，只不过是技术性概念所指向的内容包括对科学技术因素的描述，而传统法律概念是对社会生活的描述，但它们在性质上没有任何差别。拉伦茨认为，所有在法条中被应用的概念最终都是规定法的功能的概念[①]。的确，所有法律规范中出现的概念都应通过法律的形式呈现而获得法律的规范性、确定性、强制性特征。即便一些概念有高度的科学技术性、宗教性或者其他非法律特性，但是一旦概念通过法律条文予以规定，就不再能游离于法律之外了，而应该具有法律的规范性与强制性。概念仅仅成为表述法律规则内容的一部分，成为规则所指向行为的修饰词。以“环境规划”这一个概念为例，《环境保护法》第 13 条、第 19 条规定了各级“环境保护规划”“限期达标规划”。上述两种规划并非仅意味着相关的技术性文件，更意味着与规划相关的制定主体、制定程序、必要内容及法律责任。这些功能并非纯粹的技术性文件所能涵盖的。技术性文件只能是相关法律概念法律效力发挥的结果，不能简单将其等同于法律概念。

然而遗憾的是，我国立法并未认真对待技术性概念，概念所依附的法律规则与概念所描述的技术性文件中的技术规范相混淆，并未真正反映出法律概念的应有功能。或者说，规范此类“技术性文件”的法律条款不足以抽象出一个功能齐备的法律概念。以环境保护规划条款为例，我国环境立法中所采用的“规划”一词并非一个严格的法律概念，而是依附各类环境规划技术性文件。以水污染防治规划为例，其对应的就是“XX（区域）XX（时间）水污染防治规划”，如《山西省重点流域水污染防治规划（2011—2015 年）》《重点流域水污染防治规划（2011—2015

---

① 参见［德］卡尔·拉伦茨《法学方法论》，陈爱娥译，商务印书馆 2002 年版，第 357 页。

年）》。技术性概念的性质与立法技术问题为相关法律规则确定性问题的一个关键瓶颈。因此，本书将对技术性概念的确定性问题进行专门的讨论。

第三节　环境行政赋权性规则确定性的实现

环境法中赋权性规则确定性问题最主要体现为环境法律文本中环境行政主管机关职权条款与其职责条款、义务条款的混同。造成这一混同的主要原因在于我国传统行政法理论对职责与职权认识上的偏差。欲实现行政赋权性规则的确定性，必须从理论上将行政职权与行政主体义务相区分，并在法律文本中对赋权条款进行规范性的法律表达。

一　行政职权与行政主体义务的区分

我国法学界传统观点认为，行政职权与行政职责是统一的，职权同样意味着职责或行政义务。例如，我国《环境保护法》第 33 条规定：“各级人民政府应当加强对农业环境的保护，促进农业环境保护新技术的使用，加强对农业污染源的监测预警，统筹有关部门采取措施，防治土壤污染和土地沙化、盐渍化、贫瘠化、石漠化、地面沉降以及防治植被破坏、水土流失、水体富营养化、水源枯竭、种源灭绝等生态失调现象，推广植物病虫害的综合防治。县级、乡级人民政府应当提高农村环境保护公共服务水平，推动农村环境综合整治。”在传统公法或环境法观点来看，上述规定属于典型的授权规范，授予地方政府农业环保技术应用、农业污染预测、防治土壤污染、防治土壤生态退化、防治植被破坏、防治水土流失、防治水污染及生态退化、推广病虫害防治综合防治的权力，同时也意味着政府必须履行上述行政职责，授权规范是职责规范与授权规范的统一。

但事实上，上述认识混淆了职责、职权与权力性质的认识。行政职权是行政权的具体化，是行政权被依法分配到一定行政主体身上的具体表现形式。从性质上来看，行政主体依法享有的对某个领域或者某方面行政事务按照一定方式进行组织与管理的行政权力，具有自由裁量性、主动性、广泛性、优益性等性质和特点。[①] 从设置的目的来看，行政职权的配置主

① 罗豪才、湛中乐主编：《行政法学》，北京大学出版社 2012 年版，第 51 页。

要是为了履行职责。因为对有些职责来说，行政主体如果不运用行政权力就难以履行。从这个角度而言，行政职权的行使就表现一种必为性，也就说具有义务的属性。但不能简单地说，行政职权就是一种义务。正如有的学者指出，“依法享有一定职权，意味着可以做出一定行为或要求处于职权管辖范围内的其他人做出一定行为，然而，行使职权本身又是一种义务，不能适当地行使职权也就是不能适当地履行职责，这在一定条件下会构成违反法定义务的行为并引起法律责任”①。正确的说法应该是：合法行使行政职权是一种义务，并不意味着权力本身是一种义务。授权性规则意味着自由裁量权，而自由裁量权责意味着非必须行使，那些一味地强调行政职权必须行使的说法在逻辑上是行不通的。

这一认识对环境法的研究具有重大的启发。如果职权意味着义务的话，违反法定职权则必然会导致法律责任的承担。仍以《环境保护法》第 33 条为例，如果职权与义务统一，那么农村大面积污染，生态环境较之前退化必然要求各级地方政府承担相应的法律责任，无论从法理还是从现实的可能性出发，地方政府均无可能承担污染与生态退化的责任。这一点在域外的判例中也有体现。在英国 1940 年的 East Suffolk Rivers Catchment Board v. Kent and Another 案中，因河流水位突然高涨，冲破河堤，淹没了原告肯特等人的农场及建筑物。原告依据 1930 年《土地排水法》规定的水库管理委员会职权，要求水库管理委员会承担损害赔偿责任，但事实上，最高法院判决上述职权对应的是行政权力，行使不行使及如何行使完全取决于行政机关裁量的结果，对特定的个人不产生必须行使的法律义务。水库管理委员会行使职权，并非义务，因而不需要承担原告所请求的法律责任。② 英国法院所作出的解释正与上述所讨论的原理是一致的，在环境法律中，职权是职责所必需的，但职权并非义务，也不导致法律责任的承担。这能够解释环境法律体系中，学者们所苦寻的政府环境责任一般表现为政治责任或纪律责任，并非真正意义上的法律责任。上述原理从另一个角度推论出，仅有环境法的授权性规范不足以推导出环境行政主体的必为义务，基于政府权力法律控制的要求，仍需要制定相配套的环境行政主体义务规范以约束法律所赋予的行政自由裁量权。

我国《环境保护法》存在大量的赋权规范，但少有与之相配套的义

① 郑成良：《现代法理学》，吉林大学出版社 1999 年版，第 93 页。

② 余凌云：《行政契约论》，中国人民大学出版社 2006 年版，第 261 页。

务规范，导致法律工作者对职权与义务的混淆。仍以《环境保护法》第33条为例，在法律条文中找不到与之相配套的义务性规定。如果缺乏义务性规定，那么政府完全有理由怠于或消极履行相应职权，而致使法律目的无法实现。

二 环境行政赋权条款的解读与规范性表达

赋权条款是赋权性规范的文本外在表现形式，与规范是形式与实质的关系。虽然行政职权不能等同于义务，但是合法行使行政职权则意味着义务的承担。在各国赋权条款中，均附带有相配套的行政主体义务。以日本《环境基本法》第16条关于环境标准制定条款为例：

> 政府应根据与大气污染、水体污染、土壤污染和噪声有关的环境条件，分别制定出保护人的健康和保全生活环境的理想标准。
>
> 前款的标准应该设立两种以上的类型，如果规定应该作为制定适用各自类型的地区或者水域的标准，政府应以政令规定之。可以将这种地区或者水域的制定权限委任给都、道、府、县知事。
>
> 对于第一款的标准应经常基于适当的可续判断，并进行必要的修订。
>
> 政府应当综合、有效和适当地采取符合本章规定政策的有关防止公害措施，努力确保第1款有关标准的贯彻执行。①

该条措词“应”表明政府制定环境标准之职责，同时意味着政府为履行相应环境标准职责必须具有制定环境标准之职权。这一职权的行使属于行政自由裁量权的范围，怎么行使、如何行使全凭借行政主体之意志。但该条第2款规定了环境标准的法律性质限制义务，第3款规定了环境标准的及时修订义务，第4款规定了标准内容关注义务。上述3个义务构成了《环境基本法》层面上的环境标准职权行使的行政主体义务，当行政主体违背或怠于履行上述3种义务时，可依据此3项义务性规定追究主体的行政责任，而非政治责任或义务责任。在环境法律中，赋权条款并非单纯的赋权，而是职责、职权、职权行使义务的复合性条款。

① 赵国青主编：《外国环境法选编》（第1辑），中国政法大学出版社2000年版，第982页。

实际上，无论是在日本环境法还是在美国、德国、加拿大环境保护基本法与单行法中，采用这种方式的赋权条款俯拾皆是。在此，并不排除在相关环境法单行法与行政立法中存在相应的主体义务性规定，如公众参与等普遍性义务规定。这一赋权条款的表达方式，有助于法律规范性预期功能的发挥，使行政主体和行政相对人能够清晰地了解权力内容和边界，从而保证权力运作的合目的性。反观我国包括《环境保护法》在内的环境法律，其在授权条款普遍较为简单，仅就相关职责与职权进行原则性规定。例如，《环境保护法》第 16 条第 1 款："国务院环境保护主管部门根据国家环境质量标准和国家经济、技术条件，制定国家污染物排放标准。"第 40 条第 2 款规定："国务院有关部门和地方各级人民政府应当采取措施，推广清洁能源的生产和使用。"上述两款"应"表明制定排污标准与推广清洁能源措施属于职责，亦赋予了行政主管部门和地方政府相应的职权，但这一职权的行使义务是什么，并未明确规定。不仅在相关条款中没有涉及，而且在其他单行法与行政立法中也未涉及。仅从法律规范来看，此类授权是缺乏主体义务规范的，法律的赋予的职权缺少相应的义务性规定，导致行政主体权力与义务的不平衡。在赋权规范中对主体义务进行规定是一个纯粹的立法技术问题，可以将其交由正式法律中的各个制度章节实现，但合并表达有利于法律条款的精简化表达，也有利于在赋权的同时使行政主体清楚知晓权力行使的相关法定义务，这是世界各国环境立法所一般采用立法方式，值得我国参考和借鉴。

三　环境行政赋权规范确定性要求的实现

前文反复强调了法律形式理性理论下规范的确定性要求与环境法规范，尤其是行政赋权规范的确定性不足。所谓法律的确定性要求，是指规范的内容应当明确而具体，能够为行为提供明确的预期。① 实证分析法学家冯·赖特认为规范的内容包括：适用主体、规范特征、内容、适用条件、场合和制裁。"特征"指法律的规范形态，通过"应当""不得""可以"等规范性语词表现出来，包括命令或禁止与允许；"内容"指所命令或禁止以及允许的；"条件"指的是规范规定所针对的事实情形，如命令或禁止针对可能违反的情形所发布，这种可能违反的事实情形是适用

① 朱继萍：《法律规范的意义、结构及表达——一种实证的分析理论》，《法律科学》2007 年第 4 期。

该规范的条件；场合指规范适用的地域和时空。[①] 如果按照冯·赖特对规范内容的理解，上一部分所讨论的与赋权规范相配套的行政主体的义务也可以理解为赋权规范适用条件、场合的明确性要求。可以简单将规范确定性要求的实现理解为规范内容的细化。

在我国环境法体系中，多数由全国人民代表大会常务委员会通过的环境法律均未直接将环境行政赋权规范的内容予以细化，而是交由行政主体通过行政立法予以具体化。例如《水污染防治法实施细则》《森林法实施细则》《渔业法实施细则》《土地管理法实施细则》《水土保持法实施细则》等。这一过程实际上是制定派生规则的过程，当行政主体制定这样的派生规则时，便享有了对法律所赋权内容的二次立法权，当母法中授权规范的内容不明确时，便存在行政主体通过二次立法权肆意授权的可能。[②] 事实上，第三章所列举排污口监督管理制度中，有关《水法》《水污染防治法》中"同意"一词的模糊授权导致存在水行政主管部门通过《入河排污口监督管理办法》扩张行政权的情况。行政立法权对法律的细化与全国人民代表大会或全国人民代表大会常务委员会立法对法律的细化，存在法律效力的本质差别。前者属于法定义务的细化，体现行政主体的职权行使的专业性；而后者体现的是基于法律保留原则立法权对行政权的基本限制。两者性质、目的完全不同。我国现行那种通过行政立法细化法律行政授权规范的方式并不能完全实现法律规范的确定性要求，同时也与法律保留、权力制约的基本原理相违背。行政赋权规范的确定性要求应当从以下几个方面予以实现：

首先，在赋权性条款中附带行政主体义务。为了平衡行政主体的权力与义务设置，使赋权条款能够有效地使权力行使者行使职权，应当在赋权性条款中附带行政主体义务。特别需要指出的是，这种义务限制往往是程序上的义务限制，我国环境立法中均已经有一些行政程序规则，《行政程序法》也可能在不久的将来颁布实施。但是，专门的程序规则制定并不能代替赋权条款中附带的行政主体义务，原因在于赋权条款中可能附带的程序义务更具有针对性，可以附带规定这一权力行使的具体范围、时效限

① Georg Henrik Von Wright, Worm and Action, London: Ractlendge & Kegan Paul Ltd., 1963, p. 15; Alf Rose, Directives and Norms, London: Ractlendge & Kegan Paul Ltd., 1968, p. 78.

② 张淑芳：《行政法规范术语与行政权范围问题探析》，《时代法学》2005 年第 5 期。

制、程式和顺序、制约条件等。[①] 这样便可以使权力的行使不至于超出必要的范围。

其次，关于含有量词条款的附带说明。量词的不恰当运用是授权法规范术语存在的又一问题。例如，《环境保护法》第 17 条第 2 款规定："有关行业、专业等各类环境质量监测站（点）的设置应当符合法律法规规定和监测规范的要求。"第 29 条第 1 款规定："国家在重点生态功能区、生态环境敏感区和脆弱区等区域划定生态保护红线，实行严格保护。"上述两款规定均包含了不确定的量词，"有关行业、专业等""符合法律法规规定和监测规范的要求""等区域"，这些不确定的量词实际上赋予了行政机关执法过程中广泛的行政自由裁量权，行政主体常常根据自己的理解和判断确定这些量词的具体内容。在法律文件中，含有量词是不可避免的，对于赋权规范中所涉及的不确定的量词可以采用附带说明的立法技术予以解决。所谓附带说明，就是指涉及不确定或者尚待确定的量词时，应在这一法律条文之后专门列一个量词说明表，对于不确定的内容予以量化，并使量化的内容达到行政主体不能再作裁量的地步。在国家法律赋权性规范中，对于重要的量词限制可以采用"列举+描述性规定"的方式，例如，可使用"国家在重点生态功能区、生态环境敏感区和脆弱区等关系国家大范围生态安全区域"，或法律附录中予以列举。例如，德国《废物避免、回收及处置法案》就以附录的形式列举了需要回收和处置的废物。这一点甚是值得我国单行立法借鉴。对于法律层面的法律指引量词"相关法律法规""法律法规规定和检测规范"，应当以明确方式进行立法牵引。我国《环境保护法》第 47 条规定："各级人民政府及其有关部门和企业事业单位，应当依照《中华人民共和国突发事件应对法》的规定，做好突发环境事件的风险控制、应急准备、应急处置和事后恢复等工作。"该条就非常值得后续单行法制定与修改所借鉴。对于行政立法中的赋权性规范的量词，应当以表格的形式列举出来，因为规章本身就是一个操作性行政法文件，在其后将已经有的标准和要求全部列举出来，便可以避免来自各个方面的争议。对量词进行附带说明是一个非常重要的立法技术，这一立法技术的主要功能在于将行政权行使过程中的问题尽可能在立

① 张淑芳：《行政法规范术语与行政权范围问题探析》，《时代法学》2005 年第 5 期。

法阶段就解决好，而不要将有关矛盾带入执法阶段。[①]

最后，法律用语的规范。法律用语与日常生活中的用语虽有一定关联，但由于法律的简练性、规范性，要求法律用语必须区别于日常生活中的用语。无论在抽象性方面还是在准确性方面，它都必须高于日常生活中的用语，尤其不能以口语来代替行政法规范术语。[②] 我国在行政法规、部门规章、地方性立法层面上的规范性有待进一步提升。例如《水法》第52条规定："城市人民政府应当因地制宜采取有效措施，推广节水型生活用水器具……"第54条规定："各级人民政府应当积极采取措施，改善城乡居民的饮用水条件。""因地制宜采取有效措施""积极采取措施"就是较为典型生活化用语。"因地制宜"如何理解？"积极"又作何解释？生活化的表述方式使行政管理相对人几乎难以找到与自身利益有关的具体标准，不利于行为的预测。相反，行政主体则可以依这样的口语化表述对法律规则中赋予自身较大的解释空间，可能造成行政专断。因此，有必要规范法律用语，杜绝生活化用语。第一层次中义务性规则内容运作程序、权力发动条件与场合、权力行使合理期限、权力性质等要素化的方式在一定程度上已经限制了用语的口语化。口语化、概括化的用语在一定程度上体现立法者的主观态度，本质上源于国家立法信息的不充分。当下，我国环境立法呈现井喷之势，有大量可供参考的具体立法规则，从术语到内容都极具针对性。国家环境立法可以从中借鉴有益经验和术语表达。

第四节　环境法义务性规则确定性的实现

法律义务性规则是法律中最为基础的要素。从形式理性的角度看，法律目的、原则所蕴含的价值理念最终要通过法律规则予以准确表达，而赋权性规则也最终会通过行政与司法自由裁量权转变为义务性规则，因此义务性法律规则构成了整个法律的基石，也是法律系统中实现结构认知开发与运行上的自我指涉的最终落脚点。形式理性的法对义务性规则提出了确定性要求，这是法律系统结构封闭性的微观体现。我国环境法中义务性规

① 张淑芳：《不可操作的行政法规范研究》，《河南省政法管理干部学院学报》2005年第6期。

② 张淑芳：《不可操作的行政法规范研究》，《河南省政法管理干部学院学报》2005年第6期。

则存在结构不完整、内容确定性不足等问题，欲发挥环境法独立的法律系统功能，必须要解决我国环境法义务性规则所面临的确定性问题——义务性规则结构要求的实现与义务性规则内容确定性要求的实现。

一　义务性规范结构要求的实现

义务性规则的结构不完整主要表现为法律后果的缺失。例如，《环境保护法》第 17 条第 3 款规定："教育行政部门、学校应当将环境保护知识纳入学校教育内容，培养学生的环境保护意识。新闻媒体应当开展环境保护法律法规和环境保护知识的宣传，对环境违法行为进行舆论监督。"第 19 条规定："监测机构应当使用符合国家标准的监测设备，遵守监测规范。监测机构及其负责人对监测数据的真实性和准确性负责。"上述均直接规定了教育行政部门、学校、监测机构的义务，即所必为的行为模式，但经梳理相关法律文件，我们难以找到与之对应的法律责任，即上述两条规范仅有行为模式，法律后果缺失。

有学者可能会质疑，上述规范属于前文中的行政主体赋权规则，不属于义务规范。尽管上述单位属于事业单位，并拥有特定领域管理权，但这一管理权与环境法组织规范所设定的环境管理权并无直接关系。若承认"将环境保护知识纳入学校教育内容""媒体开展环保宣传、进行舆论监督""监测结构使用符合国标设备"是环境行政职权，必须由相关组织法或环境法组织规范予以明确规定，否则不应将其理解为职权或职责规定。此推论意味着上述规范中的事业单位属于环境管理权中的行政相对人，上述规范属于行政相对人的义务性规范，受到行政管理权的拘束。我国环境立法乃至在其他领域行政立法中，此类事业单位主体义务规范法律后果缺失属于一种较为常见的立法问题。而对于典型的公民、企业的义务规范基本能够做到义务与责任一一对应。导致这一问题的认识错位就在于并未将事业单位主体真正作为环境行政管理的对象，而将其视为环境行政权力的行使者。从行政相对人的定义来看，"行政管理法律关系中与行政主体相对应的另一方当事人，即行政主体的行政行为影响其权益的个人或组织"，行政相对人是一个实定法上的概念，仅指行政权力作用的对象，并不排除拥有行政权力的组织。例如，高等教育院校也属于排污大户，其项目建设、排污行为也需要经过环境行政主管部门的行政许可，在环境影响评价、排污监督等行政权前是绝对的行政相对人。虽然教育、媒体、监测等事业单位管理权与环境行政权密切相关，但并不是环境行政权，职权只能法定，在环境法规范中仅能是行政相对人的角色。既然与企业、公民同属于行政相对人，就应当“一视同仁”，其义务规范必须具有完整的结构。

对于此类义务规范结构的完善，不能单纯增加法律责任条款，还需要更具针对性地修改和细化行为模式。原因在于，此类规范的行为模式仍与其所拥有的其他社会管理领域的行政职权有关，较之普通公民、企业的行为模式更为复杂。就行为模式的细化而言，有两种方式：一是程序内容的细化；二是将必为行为模式转化为禁止行为模式。例如，“应当将环境保护知识纳入学校教育内容”修改为：“应当组织学校师生开展每年不少于一次的环境保护主题教育活动，并将其纳入学校课程或管理计划中。”如此，便将行为模式通过程序规则予以细化，同时将法律后果指向相关教育行政法。对于某些不宜程序化的行为模式，如“监测机构应当使用符合国家标准的监测设备，遵守监测规范”，可采用禁止行为模式，转化为“监测机构禁止使用不符合国家标准的监测设备”。禁止行为模式比必为行为模式所表达的义务态度更为强烈，能够使行政相对人明确其义务内容。而对于法律责任而言，其内容主要是行政处分，因为事业单位主体责任的承担方式主要是其负责人承担行政责任。

二　义务性规则确定性的实现

义务性规范意味着行为必须为或者不为，对于行政相对人义务规范来说就意味着公民、法人和其他社会组织必须承担在此基础之上的权利限制，也就意味着一种利益的限制。前述，赋权规范并不会直接对行政相对人造成利益限制，而是通过行政主体的权力行使进而形成对权利的限制，根宪政法律保留与权力制约原则的要求，赋权规范的确定性有严格的要求。那么，作为直接限制行政相对人的义务性规范意味着更为严格的确定性要求。张淑芳教授的行政法义务设定规则理论，① 将义务规范的确定性要求总结为三个方面：可操作性要求、具体化要求、权利与义务平衡要求。

（一）可操作性的实现

可操作性要求，是指义务规范的内容具有可操作性。一方面，要求义

① 张淑芳：《行政主体义务设定的法律规则研究》，《法商研究》2001年第6期。

务承担者能够承担相应的义务，这是对行为模式内容“量”上的要求。义务承担者若根本无能力承担相应义务，则意味着法律责任承担的必然性，即规范相对人行为的目的必然落空，与权力、义务设定的初衷相违背。义务内容的“量”超过义务承担者能力的规范在环境法规范中几乎没有，这并不是本书所重点探讨的。另一方面，要求法律后果的落实具有可操作性，这一要求主要针对的是环境法普遍采用的倡导性规范。从规范性质来看，倡导性规范属于必为义务性规范。例如，《水法》第 51 条第 1 款规定：“工业用水应当采用先进技术、工艺和设备，增加循环用水次数，提高水的重复利用率。”《环境保护法》第 40 条第 3 款规定：“企业应当优先使用清洁能源，采用资源利用率高、污染物排放量少的工艺、设备以及废弃物综合利用技术和污染物无害化处理技术，减少污染物的产生。”上述两款规定中所使用的“应当”决定了其属于必为义务规范，但是“先进”“优先使用”表明其并不是绝对义务性内容，而是倡导性的，而且此类规范不存在相应的法律后果的规定。倡导性规范不能被强制执行，义务人是否依据法律规定履行该条款是难以辨别的，即使通过某种主客观标准，能够认识到义务人并没有履行义务，义务人的法律后果也难以落实，该违法行为既难以进入司法程序，也难以被强制执行。[①] 倡导性法律规范无法律后果，行为模式的内容也不具备确定性，从形式理性理论的角度看，其不能形成法律运行的封闭圈，难以实现法律规范性预期的功能。因此，建议在环境法律中应慎用倡导性规范。对于此类规范，建议将其转化为行政主体义务规范，即当行政相对人为相应的倡导行为，行政主体应予以鼓励。这就将公民、企业的倡导行为转化为在倡导行为做出后，行政主体鼓励的必为义务。如果现实条件决定了不能转化为行政主体的必为义务，那么，倡导性规范不应出现在法律规范体系中，而应通过政治系统、道德系统予以调整。

（二）具体化的实现

具体化要求，是指规范的内容应当尽量细致明确，义务人能够通过规范明确自身义务的内容及可能的法律后果。具体化要求是法律规范确定性要求的最关键的要求，关系着可操作性要求与权利义务平衡要求的实现。

---

① 张芃：《法律义务条款及其规范设置研究》，博士学位论文，山东大学，2015 年，第 78—90 页。

关于法律用语的规范化以及量词的说明条款，上文已经论述。这里主要讨论行政立法对义务规范内容的具体化问题。对行政相对人义务规范的理解，不能仅通过《环境保护法》或单行法等法律中的义务条款来理解，还需要结合配套的行政法规、部门规章与地方性法规。原因在于，对于公民、企业等设定义务规范，其义务的内容应当尽可能地明确而具体，这就意味着对义务规范行为模式、法律后果的文字描述极其庞大，同时有许多关于义务内容的程序性规定属于行政立法所调整的范围，因此，在法律层面穷尽义务规范的内容是不可能也不必要的。法律层面具体的程度在于能够明确行政权力行使与行政立法自由裁量权的范围，防止权力的恣意，属于程序规定和涉及行政专业性质的内容交由行政立法予以规定。行政立法需根据法律所规定的义务内容，结合行政权的专业性制定配套的行政法规，对义务人的义务予以细化。同时，在行政立法的过程中也会对行政相对人义务履行相配套的行政主体义务进行规定，例如，公民的垃圾分类义务的履行前提是行政主体对垃圾的种类进行明确的划分和相应分类处理设施的建设。因此，无论从义务内容的细化，还是从义务履行的必要条件来看，均需要行政立法发挥作用。但通过梳理法律文本发现，我国环境法中有相当数量的法律层面的义务规范由于缺少行政立法的细化而导致履行的不能。例如，《水法》第 51 条第 2 款规定："国家逐步淘汰落后的、耗水量高的工艺、设备和产品，具体名录由国务院经济综合主管部门会同国务院水行政主管部门和有关部门制定并公布。生产者、销售者或者生产经营中的使用者应当在规定的时间内停止生产、销售或者使用列入名录的工艺、设备和产品。"企业禁止使用落后、耗水量高的工艺、设备和产品义务履行的前提是国务院制定相关具体的禁止名录，但是事实上自《水法》2002 年颁布实施后，直到 2015 年国务院才制定了《高水耗工艺、技术和装备淘汰目录（第一批）》，且内容仅限于部分行业，远未覆盖全部高耗水行业。2002—2015 年，十多年时间，企业的义务是无法履行的。《水法》第 51 条自颁布之日起实际上就为行政主管部门设定了必为的立法义务，这一义务的履行是保障《水法》第 51 条义务条款内容具体化的前提。相关主管部门十多年无理由的立法缺位实际上已经构成了立法不作为，应当承担相应的法律责任。这一情况并非个别条款，在《水法》《水污染防治》、1989 年《环境保护法》等立法中十分突出，尤其是在环境技术性文件的制定领域，如各类特殊环保名录、规划、标准等。我国修改并颁布了《环境保护法》和《大气污染防治》两部关键性法律后，应及时根据法律规范中义务内容颁布制定配套的行政法规，同时应建立起行政主体及时立法机制和立法不作为责任中的追究机制。

（三）权利与义务平衡的实现

权利与义务的平衡要求义务规范中义务承担者的义务应当与其所享有的权利具有对等性，同时，义务承担方义务与权力方的义务也应具有对等性，这一要求在赋权性规范中也有体现。权利与义务的平衡要求在义务设定时应兼顾其相配套的权利，具体在行政相对人的义务规范中就是在设定义务的同时，应考虑相对人所具有权利能否制约权力滥用。最为典型的就是环境法中环境行政许可义务设定后对行政相对人各类参与权、救济权的规定。这类权利一般属于公法上的程序性权利。在此，本书欲引入两类程序性权利：一是了解权；二是抗辩权。所谓了解权，是指行政相对人有权了解行政机关作出的对其权益产生影响的行政行为，包括这一行政行为的事实依据和法律依据。这一权利类似于行政执法中的表明身份，这一权利的设置并不会影响义务的实质内容，同时有助于监督权力运作。另一权利为抗辩权，在义务条款之后，可规定行政相对人和其他利害关系人一定的行政抗辩权，通过抗辩权的行使，可以对自己承担的相应义务提出异议，行政主体依职权对行政相对人提出的异议进行实质性的审查，根据审查的情况决定行政相对人是否承担义务。① 抗辩权的行使能够有效地纠正由于义务规范内容不准确而导致的行政权泛化，同时不会对义务内容本身构成不当干预。需要特别强调的是，上述两种程序性权利，不宜单独构成法律条款普遍适用，而应单根据义务规范的具体需求，在特定的义务条款中予以规定。

三　规则模式的转向：从赋权到义务

本小节是对上述有关赋权规范与义务规范形式理性讨论的一个总结。环境法学界目前在有关环境法律义务本位还是权利本位的体系建构导向上存在争议。权利本位者认为，公民应当享有特定范围的环境权利，环境法律体系应围绕环境权利予以建构，通过公民环境权利的行使促使行政权合目的运作，在司法中对抗环境污染与生态破坏行为，进而实现权利内容。

① 张淑芳：《行政主体义务设定的法律规则研究》，《法商研究》2001 年第 6 期。

而义务本位者认为，从宪法规范层面来看，建构一个明确的环境基本权难度较大，环境权范围不特定难以拥有真正的权利内核。上述分歧始终没有理清权利设置的目的或权利实现的可能方式。体系的建构分为两个方面：一是实质理性层面，应当保障、维护和侧重哪些利益。公民享有健康、良好的环境的权利是不言自明的，宪法层面上也有相关法律规范予以提供价值导向。权利/义务本位争论的焦点是在体系建构的另一个方面即形式理性层面，如何建构能够实现健康、良好环境的规范体系。二是形式理性层面，权利本位的规范模式并不具备形式上的可能性。前述，赋权规范的核心是权利—司法（自由裁量）—义务结构，在这一结构中司法发挥了关键性的作用。如果仔细比较公法与私法的规范模式，我们会发现，赋权（权利）规范主要体现在私法中。原因在于，私法中所调整的双方主体是平等的，存在商讨的空间，无须运用强制的义务规范予以干预。在特定条件下，司法居中行事裁判权进而确认新义务关系。事实上，赋权规范最终仍需要通过司法裁判转变为义务规范才能发挥现实的作用。在私法中，直接采用义务规范不可能也无必要。那么，在环境法体系中建构以权利为本位的规范模式，则较为不适合，原因在于环境法中大量规范属于行政规范，所调整的双方主体并非平等主体。那么，过度突出权利本位，必然导致权利与行政权力的冲突，这种冲突并非传统公法中公法程序性权利与公权力的冲突，而是实质性权利与权力的冲突。在这一冲突中为尊重行政权的专业性，则有可能导致司法裁判的不能。若司法在需要时不能发挥裁判功能，那么权利就难以真正转化为现实义务从而落空。从这个角度来看，权利的设置不仅要考虑到社会的需求，还要兼顾立法技术实现的可能性。

从上述赋权性规则与义务性规则的讨论中，我们会发现环境法没有发挥出预期效果的关键性因素就在于义务规范的缺失与内容上的不足。因为，环境利益属于公共利益，需要依靠国家行政权力的运作予以提供，上述义务规范的不足导致行政权力的失范，进而难以保证权力运作的合目的性。事实上，不仅在环境法中出现了权力失范的问题，在交通法、经济法、社会保障法等领域均出现了类似的问题。这与我国立法长期所采用“权力—权利”规范模式密切相关。不少公法学者已经认识到这一问题，提出我国应当由“权力—权利”的规范模式转向主体义务的规范模式。权利源于义务规范所不能调整纷繁的社会关系，赋权规范予以填补，并通过司法、执法自由裁量权的行使转化为具体的义务规范，最终的社会关系仍需要通过义务规范予以调整。义务规范模式强调与环境行政主体职权相匹配的义务规范以拘束权力运作，强调行政相对人的义务规范应尽可能详细而明确，以保障义务人的合法权利，同时法定义务规范能够使规范更具可司法性，有助于实现司法的封闭性运作。

环境法的本位是一个价值判断问题，它表明环境法应当以保障环境权利和环境利益为终极价值关怀。至于具体法律中采用授权性法律规范抑或禁止性、命令性法律规范，则与其所依附的法律部门的性质相关，即使通篇都是义务性规范，也并不代表具体环境法律就是义务本位型的，① 应当说这和价值问题并不是一个层面上的问题。而这恰恰是目前环境法本位研究的一大误区。从形式上的规范建构逻辑来看，环境法规范的主导只能是义务性规范。

第五节　环境法“技术概念”确定性探讨

依照韦伯对法律形式理性的 3 个阶段——通则化、综合化与体系化的理解，法律概念的形成就是通则化过程中关键步骤，即通过具体的社会规则与个案判决的标准化约为具有明确的、可计算性和可预见性的法律规则（命题），进一步将多数规范中所具备共同内容抽象为概念，这一概念就是法律概念。如前文所述，环境法中出现的具有科学技术性意味的“技术性概念”，本质仍然是法律概念，与环境法文本中出现的法律概念并无二致。这些概念来源于法律规则中共同概念的抽象，属于法律规则内容的一部分，只不过为了规则表达的简练从而凝结为一个法律概念。如此，包括环境法“技术性概念”在内的法律概念，必然要体现法律规则确定性要求，即法律概念的确定性要求。但是法律概念已经是构成文本的最小的单位，除了用词规范与精确外，还存在概念界定立法技术的问题。

一　“技术概念”的确定性

在德国法学家齐佩利乌斯看来，“法律中的概念应和词语予以区分，语词是表达一定观念内容的符号，而概念则是一个语词所蕴含的观念内容，法律解释的主要任务就是在法律语词的‘涵义空间’内，正确地界

① 张一粟：《环境法的权利本位论》，《东南学术》2007 年第 3 期。

定语词中的概念"①。可见，运用语言学通过词语来解释法律上的概念是不充分的，这一进路只能考察表达概念的语词表述是否符合用语的习惯，但并不能真正反映出法律概念的真正含义空间。法律规则的确定性在很大程度上就依赖于所运用法律概念的意涵空间是否确定——法律概念的确定性。法律概念在法律中运用和体现，带有立法者的价值判断，其意涵空间是立法者选择的结果。那么，法律概念的确定性就是概念本身的外延与内涵是否真正体现了立法者的真实意图。环境法概念在这一点上体现得更为明显，环境法概念的形成不同于传统私法概念的长期演变过程，其并不存在历史与习惯上的实践性，因而带有强烈的国家理性建构成分，环境法律及其规范、概念本身就服务于特定的立法目的。法律文本中环境规划、环境标准等法律概念亦是如此，绝非如某些学者所认定为"科学性的价值中立"，其带有强烈的目的性，体现在上述概念与法律目的、法律原则的关联上。

以"环境规划"这一概念为例，环境规划在整个环境法体系中处于实质理性的最核心地位。原因在于环境法的目的是高度抽象的，为使法律目的价值追求贯穿于整个法律体系，需要依靠环境规划实质上的具体化。从行政权的运作来看，环境规划体现为环境许可、环境影响评价、环境监测、环境监督等环境执法行为，其均是以环境规划为最终依据的。因此，环境规划绝非简单等同于"XX 规划"文件，而是指向对规划行为的拘束力，包括谁制定规划、规划制定内容、规划内容约束谁、规划制定程序及相关法律责任。在运用"环境规划"这一概念时，实际上已经包含了立法者对上述规划行为的要求。事实上，在环境法文本中出现的各类技术性概念都或多或少，或直接或间接地体现了立法者的意思——环境法律目的与原则的价值追求。例如，环境信息其与公众参与原则密切关联，其所体现的就是程序性价值追求。环境法文本中技术性概念、规划、标准、名录等，虽具有科学性表象特征，但其不是法律效力之外的"飞地"，而是具有确定性的、要求体现法律目的的法律概念。

但是，法律概念已经是法律规范中最小的构成单位，其确定性如何实现呢？通常的方法通过说明性条款，用确定性的概念来描述新的法律概念或者容易产生歧义的法律概念，类似上文原则规范性表达中"描述性界

---

① ［德］齐佩利乌斯：《法学方法论》，金振豹译，法律出版社 2009 年版，第 29—30 页。

定”的方式。最典型的是，《环境保护法》第 2 条关于“环境”含义的说明，直接规定：“本法所称环境，是指影响人类生存和发展的各种天然的和经过人工改造的自然因素的总体，包括大气、水、海洋、土地、矿藏、森林、草原、湿地、野生生物、自然遗迹、人文遗迹、自然保护区、风景名胜区、城市和乡村等。”如此便使“环境”这一概念清晰起来。但是环境法中新增概念纷繁多样，如各类标准、规划、环境要素等，如果一一通过说明性条款进行规定，那么整个环境法文本必然是庞杂与臃肿的。用说明性条款阐明的，仅能是那些最为关键核心的概念。而对于其他的技术性概念，如何清晰地表达，使其获得概念的确定性，能准确反映立法者意思呢？这需要依靠“条件式”概念描述的方式，不直接描述概念内涵与外延，而是将概念所涵盖的要素以法律条款的方式规定出来，通过若干条法律条款使法律读者明确知晓法律概念所表达的含义，从而使概念的确定性得以实现。

二　从目的向条件的转化：“技术概念”确定性的实现

旺克认为，所有法条中的概念都为其目的性服务，这种目的性决定了概念的内容和形式。在目的性实现的过程中，概念的这种“目的性纲领”往往被“条件式纲领”所取代，对法律明确规定的要件事实赋予法律效果。[①] 旺克认为，这种条件式的纲领能够以“易于确定”的方式来规定概念的要素，使概念的构成要件与法律效果之间的脉络关系表达出来，并且一直贯穿到下位概念的最深处，反对应用一些直接将法律目的表达出来的概念。[②] 旺克对概念建构和解释的观点是启发性的。法律概念是若干法律规则共性内容的抽象，其背后是数个法律条款的支撑。对法律概念的建构，还可以通过相关法律条款对其概念的要素予以阐释，阐释的方式就是对概念相关法律规则的关联。

以大气污染限期达标规划为例。《大气污染防治法》第 14 条规定：“未达到国家大气环境质量标准城市的人民政府应当及时编制大气环境质量限期达标规划，采取措施，按照国务院或者省级人民政府规定的期限达

---

① 参见［德］卡尔·拉伦茨《法学方法论》，陈爱娥译，商务印书馆 2003 年版，第 357 页。

② 参见［德］卡尔·拉伦茨《法学方法论》，陈爱娥译，商务印书馆 2003 年版，第 358 页。

到大气环境质量标准。编制城市大气环境质量限期达标规划，应当征求有关行业协会、企业事业单位、专家和公众等方面的意见。”第 15 条规定：“城市大气环境质量限期达标规划应当向社会公开。直辖市和设区的市的大气环境质量限期达标规划应当报国务院环境保护主管部门备案。”第 16 条规定：“城市人民政府每年在向本级人民代表大会或者其常务委员会报告环境状况和环境保护目标完成情况时，应当报告大气环境质量限期达标规划执行情况，并向社会公开。”第 17 条规定：“城市大气环境质量限期达标规划应当根据大气污染防治的要求和经济、技术条件适时进行评估、修订。”

上述条款引入了“大气污染限期达标规划”这一法律概念。从条款内容可以解读出“大气污染限期达标规划”的要素包括：规划制定主体，未达到国家大气环境质量标准城市的人民政府；规划的内容，应当征求有关利益相关方的意见；规划的程序性限制，信息公开、备案、执行情况汇报与及时修订。上述 3 个要素共同构成了“环境保护规划”概念的内涵。这种法律概念的建构方式就是“条件式纲领”的建构方式。在环保单行法及行政法律法规中使用“大气污染限期达标规划”这一概念时，就会受到上述 3 个要素的制约，同时，相关条款内容也会增加“大气污染限期达标规划”概念的要素及法律效力。

但仅有要素是不够的，要素还必须能够准确反映出法律概念的全部意涵，也就是说，法律文本中概念的法律效力应是丰满与明确的。这就需要数条法律规范共同规定从而支撑起法律概念的全部内容，否则概念是不完整的。不完整的法律概念不仅不能准确表达出概念的目的性，还会进一步造成所适用概念法律规则的确定性不足。通过上述条款我们难以明确地知晓“大气污染限期达标规划”的具体内容、法律形式、法律效力，与其他规划的关系。如此“大气污染限期达标规划”这一概念就难以与整个环境法体系其他法律规则形成有效关联，这与环境保护规划在环境管理实践中的核心地位完全不符，从而形成了在法与非法之间的游离状态。那么，法律概念应具备什么样的要素才是完备与明确的呢？在此，欲以德国“空气净化计划”立法条款进行说明，德国《联邦环境污染防治法》[1] 规定了“空气净化计划”，相关概念要素详见表 6-1：

---

① 即《由空气污染、噪声、振动和其他类似的现象对环境造成的不良影响防治法》。

表 6-1　德国《联邦环境污染防治法》中“空气净化计划”相关概念

概念要素	条款依据	内容
目的	第 1 条 第 47 条第 1、2、3 款 第 48 条第 1 款	通过条款牵引，将空气净化计划目的设定为实现第 1 条、第 48 条第 1 款确定的“所必需的污染极限值与容忍区间”，并需要确保能够长期维持在上述极限值与容忍区间内
条件	第 47 条第 1、2、3 款 第 44 条第 2 款	区域实际污染超过污染极限值，或存在超过极限值之危险，或未超过极限值但有证据表明造成第 44 条第 2 款中检查范围内可能出现其他环境损害
内容	第 44 条 第 45 条第 2 款 第 47 条第 4、6、7 款	空气质量监测服务于计划之制定，并牵引至《环境监测法》相关条款 内容所需考量的因素：必须充分考虑对空气、水和土地的综合保护；不得违反保护劳动者健康和安全的有关规定；不得对其他成员国的环境造成显著损害 具体措施：污染物排放限制、交通管制、设备或者燃料的使用限制（必须经过州政府通过法规要求予以授权）
程序	第 47 条第 5 款	计划制定应当吸纳公众参与，规划制定后应予以公开
主体	第 47 条第 4 款	本地区域环境主管部门 道路建设与交通主管部门 产生污染物的其他区域主管部门
对象	第 47 条第 4 款	导致污染物超过污染极限值的排放者或，可能导致第 44 条第 2 款其他环境损害的污染物排放者
关联性	第 47 条第 2、3、6 款	短期空气行动计划应当是空气净化计划的一部分 未超过极限值但为防治其他环境损害所指定的空气净化计划应与地区规划的目标、原则保持一致 空气净化计划应注意污染防治规划的内容
法律形式	第 47 条第 6 款	其采取的措施必须依据法律规定 其措施的实施为公共主管部门所发布的行政命令或其他决定方式
法律效力	空气净化计划是立法目的在大气领域的具体化，性质属于行政立法性质，形式上由《联邦环境污染防治法》和其他联邦立法的拘束，实质内容需依据《环境监测法》和各州立法，由行政权力保障实施。具体措施是行政许可与禁止	

通过对德国“空气净化计划”概念要素的梳理，不难发现，“空气净化计划”比我国《大气污染防治》所规定“大气环境限期达标规划”要丰满和明确得多，其法律性质、实质内容、效力边界均有明确的法律条款提供支撑。如此，即便不通过描述性条款，也能够清楚界定“空气净化计划”这一法律概念的内容，使这一概念具有相当的确定性，同时适用这一概念的法律规则也通过概念与其他规则的关联性实现了内容确定性要求。

援引上述域外立法案例，目的并非在于说明立法内容，而是强调这种由目的向条件转化的法律概念立法技术值得我国参考。通过穷尽概念所能涵盖的要素，并明确要素与法律效力之关联，使法律概念与体系内的法律规范耦合。这就是本书反复强调的法律的融贯性在概念层面的体现，这种概念与法律体系的融贯就是法律规范所欲共同价值——目的性的体现。而概念的技术性则通过概念的明确性实现了法律规范的确定性要求，体现了法律结构上封闭性与运作上的自我指涉。环境规划仅仅是环境法体系中概念的一个缩影，2015 年实施的《环境保护法》新加入了“主体功能区划”“生态红线”“联防机制”等在 1989 年《环境保护法》及各个单行法中未出现的法律概念。如果缺少严密的规定法律概念要素的条款支撑，那么，上述概念就成为“孤词”，其含义是模糊与不确定的。如果放任行政权自由裁量、自由解释技术概念，法律体系的融贯性与确定性就会丧失，相关法律条款也难以得到有效的实施。

参考文献

[苏] 阿列克谢耶夫：《法的一般理论》（下册），黄良平、丁文琪译，法律出版社 1991 年版。

[美] 安·塞德曼、罗伯特·鲍勃·塞德曼、那林·阿比斯卡：《立法学理论与实践》，刘国福、曹培等译，中国经济出版社 2008 年版。

宾凯：《法律如何可能：通过“二阶观察”的系统建构——进入卢曼法律社会学的核心》，《北大法律评论》2006 年第 2 期。

[德] 伯恩·魏德士：《法理学》，丁小春、吴越译，法律出版社 2003 年版。

蔡守秋：《析 2014 年〈环境保护法〉的立法目的》，《中国政法大学学报》2014 年第 6 期。

陈柏峰：《社科法学及其功用》，《法商研究》2014 年第 5 期。

陈海嵩：《国家环境保护义务的溯源与展开》，《法学研究》2014 年第 3 期。

陈金钊：《目的解释方法及其意义》，《法律科学》2002 年第 5 期。

陈俊业：《行政法基本原则导论》，博士学位论文，苏州大学，2006 年。

陈瑞清：《建设社会主义生态文明，实现可持续发展》，《北方经济》2007 年第 7 期。

陈雪平：《立法价值研究——以精益学理论为视阈》，中国社会科学出版社 2009 年版。

陈一娟：《法律原则与内部体系的形成》，硕士学位论文，西南政法大学，2006 年。

程苗：《韦伯形式理性法理论之评析——兼论建构充分理性的中国

法》，博士学位论文，吉林大学，2011 年。

丁霖：《论法律秩序视角下环境法典总则一般规定的构建》，《苏州大学学报》（法学版）2021 年第 4 期。

杜健荣：《卢曼法社会学研究》，博士学位论文，吉林大学，2009 年。

杜群、杜寅：《水保护法律体系的冲突与协调——以入河排污口监督管理为切入点》，《武汉大学学报》（哲学社会科学版）2016 年第 1 期。

杜寅：《环境立法确定性命题的提出与展开——以固废法体系为例》，《中国地质大学学报》（社会科学版）2019 年第 3 期。

杜寅、高颖：《从还原论、整体论到系统论：环境法学方法立场的省思》，《贵州大学学报》（社会科学版）2021 年第 2 期。

高利红、周勇飞：《环境法的精神之维——兼评我国〈新环境保护法〉之立法目的》，《郑州大学学报》（哲学社会科学版）2015 年第 11 期。

巩固：《环境法律观检讨》，《法学研究》2011 年第 6 期。

［德］贡塔·托依布纳：《法律：一个自创生系统》，张骐译，北京大学出版社 2004 年版。

［美］哈罗德·J. 伯尔曼：《法律与革命：西方法律传统的形成》，贺卫方译，中国大百科全书出版社 1993 年版。

韩德培主编：《环境保护法教程》，法律出版社 1991 年版。

何勤华：《西方法学史》，中国政法大学出版社 1996 年版。

洪镰德：《法律社会学》，扬智文化事业股份有限公司 2001 年版。

侯学勇：《麦考密克论融贯》，《政法论丛》2008 年第 2 期。

胡德胜、黄靖：《环境法中的“公害”：历史和比较的视角》，《青海社会科学》2012 年第 5 期。

胡静：《环境法的正当性与制度选择》，知识产权出版社 2009 年版。

黄金荣：《法的形式理性论——以法之确定性命题为中心》，《比较法研究》2000 年第 3 期。

金瑞林：《环境法的适用范围、目的与作用》，《环境管理》1982 年第 2 期。

［德］卡尔·拉伦茨：《法学方法论》，陈爱娥译，商务印书馆 2003 年版。

柯坚：《环境法原则之思考——比较法视野下的共通性、差异性及其规范性建构》，《中山大学学报》（社会科学版）2011 年第 3 期。

赖骏楠：《马克斯·韦伯“法律社会学”之重构——观念论的力量与客观性的界限》，《中外法学》2014 年第 1 期。

雷磊：《法教义学的基本立场》，《中外法学》2015 年第 1 期。

雷磊：《融贯性与法律体系的建构——兼论当代中国法律体系的融贯化》，《法学家》2012 年第 2 期。

黎健飞：《论立法目的》，《中国社会科学院研究生院学报》1992 年第 1 期。

李可：《法律原则作为法律的限度》，《中国地质大学学报》（社会科学版）2007 年第 5 期。

李龙主编：《法理学》，人民法院出版社·中国社会科学出版社 2003 年版。

李明华、陈真亮、文黎照：《生态文明与中国环境政策的转型》，《浙江社会科学》2008 年第 11 期。

李明华、李可：《法律原则与法学体系之走向——以封闭体系与开放体系之对比为线索》，《湖南科技学院学报》2005 年第 7 期。

李晟：《实践视角下的社科法学，以法教义学为对照》，《法商研究》2014 年第 5 期。

李勇进、陈文江、常跟应：《中国环境政策演变和循环经济发展——对实现生态现代化的启示》，《中国人口·资源与环境》2008 年第 5 期。

李挚萍：《环境基本法立法目的探究》，《中山大学学报》（社会科学版）2008 年第 6 期。

李忠夏：《功能取向的法教义学：传统与反思》，《环球法律评论》2020 年第 5 期。

梁迎修：《论法律原则》，硕士学位论文，中国政法大学，2001 年。

刘翀：《论现代性背景下的法形式合理性及其危机与解决》，硕士学位论文，华东政法大学，2008 年。

刘风景：《立法目的条款之法理基础及表述技术》，《法商研究》2013 年第 3 期。

刘伟：《论民法典的形式理性》，硕士学位论文，西南政法大学，2014 年。

鲁楠、陆宇峰：《卢曼社会系统论视野中的法律自治》，《清华法学》

2008 年第 2 期。

陆宇峰：《社会理论法学：定位、功能与前景》，《清华法学》2017 年第 2 期。

吕忠梅：《环境法典编纂：实践需求与理论供给》，《甘肃社会科学》2020 年第 1 期。

吕忠梅：《环境法回归路在何方？——关于环境法与传统部门法关系的再思考》，《清华法学》2018 年第 5 期。

吕忠梅：《环境行政司法：问题与对策——以实证分析为视角》，《法律适用》2014 年第 4 期。

吕忠梅：《中国环境法典的编纂条件及基本定位》，《当代法学》2021 年第 6 期。

吕忠梅、张忠民、熊晓青：《中国环境司法现状调查——以千份环境裁判文书为样本》，《法学》2011 年第 4 期。

［美］罗伯托·昂格尔：《现代社会中的法律》，吴玉章、周汉华译，译林出版社 2001 年版。

罗豪才、宋功德：《认真对待软法——公域软法的一般理论及其中国实践》，《中国法学》2006 年第 2 期。

罗豪才、宋功德：《软法亦法：公共治理呼唤软法之治》，法律出版社 2009 年版。

罗豪才、湛中乐主编：《行政法学》，北京大学出版社 2012 年版。

［德］马克斯·韦伯：《法律社会学》，康乐、简惠美译，广西师范大学出版社 2005 年版。

［德］马克斯·韦伯：《经济与社会》（上卷），林荣远译，商务印书馆 1997 年版。

［德］马克斯·韦伯：《论经济与社会中的法律》，［英］埃德华·希尔斯、马克斯·莱因斯坦英译，张乃根中译，中国大百科全书出版社 1998 年版。

［美］马丁·洛克林：《公法与政治理论》，郑戈译，商务印书馆 2013 年版。

莫世健：《国际法碎片化和国际法体系的效力》，《法学评论》2015 年第 5 期。

莫于川：《法治国家、法治政府、法治社会一体建设的标准问题研究——兼论我国法制良善化、精细化发展的时代任务》，《法学杂志》2013 年第 6 期。

［德］尼克拉斯·卢曼：《社会的法律》，李君韬译，五南图书出版股份有限公司 2009 年版。

［德］齐佩利乌斯：《法学方法论》，金振豹译，法律出版社 2009 年版。

钱大军、卢学英：《论法律体系理论在我国立法中的应用》，《吉林大学社会科学学报》2010 年第 4 期。

钱锦宇：《论法律的基本必为性规范》，博士学位论文，山东大学，2008 年。

［美］乔纳森·H. 特纳：《社会学理论的结构》（上），丘泽奇、张茂元等译，华夏出版社 2001 年版。

［德］萨维尼：《论立法与法学的当代使命》，许章润译，中国法制出版社 2001 年版。

桑本谦：《理论法学的迷雾——以轰动案例为素材》，法律出版社 2008 年版。

［德］施密特·阿斯曼：《秩序理念下的行政法体系建构》，林明锵等译，北京大学出版社 2013 年版。

舒旻：《概念的确定性、环境法律的实效与学术研究取向——环境法学研究推动中国环境法治进程的现象折射》，《研究生法学》2009 年第 3 期。

万云：《环境政策与地方环境资源立法的关系研究——以江苏省地方环境资源立法为例》，硕士学位论文，河海大学，2006 年。

汪劲：《中国环境法原理》，北京大学出版社 2000 年版。

汪全胜、张鹏：《法律文本中“法的原则”条款的设置论析》，《山东大学学报》（社会科学版）2014 年第 1 期。

王锴：《行政法上的请求权体系及功能研究》，《现代法学》2012 年第 5 期。

王明远：《“环境法学的危机与出路：从浅层环境法学到深层环境法学”研讨会纪要》，《清华法治论衡》2014 年第 3 期。

王琦：《系统、社会和法律——卢曼法律系统理论研究》，硕士学位论文，吉林大学，2011 年。

王伟：《保护优先原则：一个亟待厘清的概念》，《法学杂志》2015年第12期。

王昭振：《刑法知识转型与实质刑法解释的反形式主义》，《法学评论》2013年第5期。

文黎照：《试析环境政策与环境法的关系》，载《浙江省社会学学会成立二十周年纪念暨2007学术年会论文集》，2007年。

吴从周：《概念法学、利益法学与价值法学：探索一部民法方法论的演变史》，中国法制出版社2011年版。

信春鹰主编：《中华人民共和国环境保护法释义》，法律出版社2014年版。

徐国栋：《民法基本原则解释》，中国政法大学出版社1992年版。

薛刚凌、杨欣：《论我国行政诉讼构造："主观诉讼"抑或"客观诉讼"》，《行政法学研究》2013年第4期。

［古希腊］亚里士多德：《政治学》，吴寿彭译，商务印书馆1965年版。

闫海：《美丽中国：中国版环境国家的宪法规范体系》，《社会科学研究》2020年第2期。

严存生：《法的合理性研究》，《法制与社会发展》2002年第4期。

严存生：《西方法律思想史》，中国法制出版社2012年版。

杨建：《法律原则的规范性研究》，《北方法学》2010年第5期。

杨仁寿：《法学方法论》，中国政法大学出版社1999年版。

余凌云：《行政契约论》，中国人民大学出版社2006年版。

［日］原田尚彦：《环境法》，于敏译，法律出版社1999年版。

岳彩申：《论经济法的形式理性》，博士学位论文，西南政法大学，2003年。

张芃：《法律义务条款及其规范设置研究》，博士学位论文，山东大学，2015年。

张淑芳：《不可操作的行政法规范研究》，《河南省政法管理干部学院学报》2005年第6期。

张淑芳：《行政法规范术语与行政权范围问题探析》，《时代法学》2005年第5期。

张淑芳：《行政主体义务设定的法律规则研究》，《法商研究》2001

年第 6 期。

张翔:《基本权利的受益权功能与国家的给付义务——从基本权利分析框架的革新开始》,《中国法学》2006 年第 1 期。

张翔:《形式法治与法教义学》,《法学研究》2012 年第 6 期。

张一粟:《环境法的权利本位论》,《东南学术》2007 年第 3 期。

张玉洁:《法律不确定性命题的司法检视》,《法律科学》2015 年第 3 期。

张梓太:《中国环境行政诉讼之困境与对策分析》,《法学评论》2003 年第 5 期。

章剑生:《现代行政法总论》,法律出版社 2014 年版。

赵波:《德沃金的法律原则理论》,硕士学位论文,西南政法大学,2002 年。

赵国青主编:《外国环境法选编》(第 1 辑),中国政法大学出版社 2000 年版。

郑成良主编:《现代法理学》,吉林大学出版社 1999 年版。

郑戈:《法律与现代人的命运:马克斯·韦伯法律思想研究导论》,法律出版社 2006 年版。

周旺生:《立法学教程》,北京大学出版社 2006 年版。

朱继萍:《法律规范的意义、结构及表达——一种实证的分析理论》,《法律科学》2007 年第 4 期。

竺效:《基本原则条款不能孤立解读》,《环境经济》2014 年第 7 期。

竺效:《论中国环境法基本原则的立法发展与再发展》,《华东政法大学学报》2014 年第 3 期。

后　记

在对书稿进行修改的过程中，我颇有感触。从2014年《环境保护法》修订到现在生态环境法典的编撰，从生态文明入法到生态文明入宪，短短5年的时间，原稿写作时的法治背景、实践话语都发生了巨大的变化。这也从一个侧面折射出中国环境法治的发展速度。显然，对于生态环境法治的理论阐释也需要及时更新。

在博士论文选题时，中南财经政法大学的张继承老师教导道："一个好的博士论文选题值得研究十年，要为未来的研究提供方向。"今日来看，将形式理性与实质理性作为分析框架是认识和分析环境法律现象的一个重要工具。本书单从形式理性角度论述，实际上仅仅是推开了此类研究的一条门缝。大门背后的形式理性与实质理性的二元互动关系，或许是以环境法律为代表的现代法（后现代）研究的蓝海。

实际上，法理学经典理论从未缺席形式与实质理论性的讨论，并逐渐从价值讨论转向社会学功能讨论。其中暗含了法理学对现代法律实践的关注。托依布纳在卢曼和哈贝马斯的基础之上阐释了一种新型的法律演化模式，将法从"法的正当化、外在功能和内在结构"三个维度予以解构。法的正当化、外在功能和内在结构大致等同于法的实质理性、法的社会功能、法的形式理性。在纵向历史维度上，这一模式将法分为形式法、实质法和反思法。不同历史阶段，法的正当化、外在功能和内在结构都随着社会背景与生产力的发展而不断发生变化。这为我们理解环境法治的理论基础提供了一个重要的支点。中国作为后发法治国家，其法治建设的压缩性本质是形式法、实质法与反思法同时建构。这种同构性在环境法治建设中体现得尤为明显。我们不仅要关注形式法中的环境侵权（事后救济）、实质法中的危险预防（行政给付），还要关注反思法中的风险预防。环境法学基础理论与核心范畴需要同时对这三种不同阶段的法律现象进行回应和解释。这加剧了环境法学理论建构的复杂性。因此，传统法学相对单一的范畴和相对简单的基础理论难以完全契合环境法律实践，仅能够解释部分环境法律现象，而无法进行整全性的解释。这也是为什么环境法学学界始终无法就核心范畴和教义学主线达成学术共识。环境法学研究需要不停地穿梭于传统法学理论和环境法律实践之间，思考环境法律形式与实质理性的关系，才能提炼真正的环境法学理论。建构新兴学科的理论体系是漫长、艰难的，需要环境法学职业共同体心怀理论雄心，静谧、大胆、富有创造力地持续性研究。

高宣扬老师在《鲁曼社会系统理论与现代性》一书中提到："鲁曼早在五十多年前，就已经明白地说明；将预计耗费三十年研究过程才能初步建构的理论体系，包括总论、各论和总结三部分。"显然，卢曼做到了。与环境法学人共勉！